Dragan Ž. Šaler • Aleksandar M. Ognjević

Duks
in Royal Serbian Air Force

Duks in Royal Serbian Air Force • Dragan Ž. Šaler, Aleksandar M. Ognjević
First edition • LUBLIN 2020

Photo credits/zdjęcia: **Dragan Ž. Šaler, MVDR (Muzey velosipednog dela v Rusii), NLSA (Nacionalni arhiv), IATR (Istorija avtomobilnog transporta v Rusii), FSRV (Fond sadeistva aviaciji Ruskie vitjazy), AMB (Aviation Museum Belgrade), CKB (Centro Kredit banka – kolekcija), collections of Kagero Publishing**

Cover/okładka: **Danijel Frka**

Colour profiles/sylwetki barwne: **Dragan Ž. Šaler**

Scale drawings/rysunki techniczne: **Dragan Ž. Šaler**

3D visualisation/wizualizacje 3D: **Dragan Ž. Šaler**

DTP: **KAGERO STUDIO**

Translation/tłumaczenie: **Maja Katanić, Djordje Nikolić, Aleksandar M. Ognjević (photo-titles), Tomasz Basarabowicz (polish translation)**

Proof-reading/korekta: **Djordje Nikolić, Aleksandar M. Ognjević**

ISBN: 978-83-66673-11-3

© All rights reserved. With the exception of quoting brief passages for the purposes of review, no part of this publication may be reproduced without prior written permission from the Publisher
Printed in Poland.

KAGERO Publishing • e-mail: kagero@kagero.pl, marketing@kagero.pl
Editorial office, Marketing, Distribution: Oficyna Wydawnicza KAGERO,
Akacjowa 100, os. Borek – Turka, 20-258 Lublin 62, Poland, phone/fax +4881 501 21 05
www.kagero.pl

Introduction

Engineer Meller Julius Alexandrovich is considered aviation pioneer in Imperial Russia and the world. He bravely and with great enthusiasm adventured into airplane manufacturing. Using Farman types as a baseline, with quality improvements, he supplied the Imperial Russian army, which was a great accomplishment at the time. As a man who was part of Moscow jet set, he had the ability to be in contact with all the important people with political and business connections.

A small Balkan Kingdom, Serbia, faced with imminent war danger, decided to purchase Duks airplane. The purchase itself was followed by an affair concerning an inadequate, underpowered engine, which was delivered with the airplane. This affected its use only temporarily, because it was determined that despite being less powerful than the ordered engine, the existing one satisfied the training needs.

Despite not taking part in combat operations during the Balkan wars, Duks airplane was used for training and propaganda flights, which were met with great interests both by the Serbian command as well as the officers and local population. Beside Serbian and Russian aviators, it was flown by some of the most famous names in French aviation of the time period, like Émile Védrines, Louis Godefroy, Raoul de Reals and Emile Brodin which were in Serbia at the time at the invitation of the Royal Serbian Government.

The most difficult task for the authors in preparing this publication was of course gathering all of the information, historical data and especially photographs. Even though there was only one Duks airplane used by the Kingdom of Serbia, its improtance with familiarization of new Serbian pilots with active training and flying was of immense importance. In that sense, Duks biplane represents and important part in the formation of Royal Serbian Air Force and the history of aviation altogether.

Wstęp

Inżynier Meller Julius Aleksandrowicz uważany jest za pioniera lotnictwa zarówno carskiej Rosji jak i światowego. Odważnie i z wielkim entuzjazmem zaangażował się w produkcję samolotów. Wykorzystując maszyny typu Farman jako materiał wyjściowy, po dokonaniu modyfikacji, zaopatrywał w samoloty siły zbrojne carskiej Rosji, co było nie lada wyczynem. Jako człowiek, który był częścią moskiewskiej elity, miał możliwość stykania się ze wszystkimi ważnymi personami ze sfer politycznych i gospodarczych.

Niewielkie bałkańskie królestwo, Serbia, stojące w obliczu bezpośredniego zagrożenia wojną, zdecydowało się na zakup samolotów Duks. Sam zakup ujawnił problem dotyczący nieodpowiedniego silnika o zbyt niskiej mocy. Wpłynęło to na jego ledwie tymczasowe wykorzystanie, ponieważ przyjęto, że pomimo niedostatecznej mocy, istniejący silnik wystarczał na potrzeby szkoleniowe.

Mimo że nie uczestniczył w działaniach bojowych podczas wojen bałkańskich, samolot Duks był używany do lotów szkoleniowych i propagandowych, które spotkały się z dużym zainteresowaniem zarówno ze strony serbskiego naczelnego dowództwa, jak i miejscowej ludności. Oprócz lotników serbskich i rosyjskich, latały na nim niektóre z najbardziej znanych nazwisk francuskiego lotnictwa z tego okresu, takie jak Émile Védrines, Louis Godefroy, Raoul de Reals i Emile Brodin, którzy znaleźli się wówczas w Serbii na zaproszenie rządu.

Najtrudniejszym zadaniem autorów w procesie przygotowania niniejszej publikacji było oczywiście zebranie wszystkich dostępnych informacji, danych, a zwłaszcza fotografii. Pomimo że w Królestwie Serbii był tylko jeden samolot Duks, jego znaczenie w zaznajomieniu serbskich pilotów z lataniem miało ogromne znaczenie. W tym sensie dwupłat Duks odgrywa ważną rolę w tworzeniu Królewskich Sił Powietrznych Serbii jak i w historii całego lotnictwa.

Manufacturing process at Duks bicycle workshop between 19th and 20th century.
Warsztat produkcji rowerów Duks, przełom XIX i XX wieku.
[MVDR]

The Early Period

The Duks factory was founded in Moscow in 1893, and it was initially a machine workshop for the production of metal products, with a dozen employees. Its founder and owner, Engineer Meller Julius Alexandrovich (Меллер Юлиус Александрович 1865-1944), was an exceptional designer, technologist and production organizer. He was considered to be a very capable enterpreneur. He actively participated in the Moscow public life. He was a sportsman, a member of the Moscow Cycling Club, and he often took part in car racing.

In those years, cycling became a very popular sport, first in Europe and then in America. After a short period of time,

Początki

Fabryka Duks została założona w Moskwie w 1893 roku i początkowo była to zaledwie warsztat służący do produkcji wyrobów metalowych, zatrudniający kilkunastu pracowników. Jego założyciel i właściciel, inżynier Meller Julius Aleksandrowicz (Меллер Юлиус Александрович: 1865-1944), był uzdolnionym konstruktorem, technologiem i organizatorem produkcji. Uważany był za bardzo skutecznego przedsiębiorcę. Aktywnie uczestniczył w moskiewskim życiu publicznym. Był sportowcem, członkiem Moskiewskiego Klubu Rowerowego i często brał udział w wyścigach samochodowych.

W tych latach jazda na rowerze stała się bardzo popularnym sportem, najpierw w Europie, a następnie w Ame-

A group of workers at the entrance door to the workshop. Duks factory was the largest manufacturer of bicycles in the last decade of 19th century.
Grupa pracowników przy drzwiach wejściowych do warsztatu. Fabryka Duks była największym producentem rowerów w ostatniej dekadzie XIX wieku.
[MVDR]

At the beginning of 20th century the factory began manufacturing motorcycles. The majority of production was purchased by the Russian army.
Na początku XX wieku fabryka rozpoczęła produkcję motocykli. Większość produkcji została zakupiona przez armię carską. [MVDR]

bicycle became an object of interest of many enthusiasts in Imperial Russia. This had created new opportunities for the development of Meller's workshops, as the bicycle production promised large profits.

The workshop soon grew into a factory named *Zavod Duks* (DUKS - ДУКСЪ). Immediately after its foundation, the annual production of bicycles was over a thousand items of various types: recreational, racing, two-seater in tandem, tricycles, and even four-seaters. The factory demonstrated its Latin name Duks (leader) at exhibitions and fairs organized in the years that followed. It was regularly awarded plaques, medals and acknowledgements with high grades.

By 1900, the factory employed 115 workers which attracted new shareholders, so it has grown into a stock com-

ryce. Po krótkim czasie rower stał się przedmiotem zainteresowania w carskiej Rosji. Stworzyło to nowe możliwości rozwoju warsztatów Mellera, ponieważ produkcja rowerów zapowiadała duże zyski.

Ze skromnego warsztatu wkrótce wyłoniła się fabryka Zawod Duks (DUKS - ДУКСЪ). Bezpośrednio po jej powstaniu założeniu roczna produkcja wyniosła już ponad tysiąc rowerów różnych rodzajów: rekreacyjnych, wyścigowych, tandemów, trójkołowych, a nawet czteromiejscowych. Fabryka prezentowała swoją łacińską nazwę Duks (dux - wódz) na wystawach i targach organizowanych w kolejnych latach. Była regularnie nagradzany dyplomami, medalami i specjalnymi podziękowaniami.

W roku 1900 fabryka zatrudniała 115 pracowników, co przyciągało kolejnych udziałowców, dzięki czemu stała się

Two seat car with steam engine was manufactured at Duks factory beginning in 1901.
Dwumiejscowy samochód z silnikiem parowym był produkowany w fabryce Duks od 1901 roku. [NLSA]

Powered aero-sledge, original construction adopted for the Russian market.
Sanie z napędem, oryginalna konstrukcja przeznaczona na rynek rosyjski. [NLSA]

pany with initial capital of 350,000 rubles. The very next year they began the production of steam drive cars, snowmobiles and motor boats, mainly under license. At the beginning, the cars were custom-built for known customers. The offer was expanded in 1902, when the factory put out on the market cars with gasoline engines, trucks, buses, trams, trolleys, carriages...

Until 1910, over 400 cars were made. Then their production was stopped and the production of motorcycles was started, of which the largest part of 500 items was delivered to the Ministry of Army.

Always keeping up with technical progress, following modern global trends and searching for new, attractive products, Meller's company started producing airships and aircraft in 1909. By the end of 1917, Zavod DUKS made over 1700 aircraft, mostly under French licenses.

spółką akcyjną o kapitale zakładowym 350 000 rubli. Już w następnym roku rozpoczęto produkcję samochodów z napędem parowym, skuterów śnieżnych i łodzi motorowych, głównie na podstawie umów licencyjnych. Początkowo samochody budowane były na zamówienie dla klientów indywidualnych. Oferta została rozszerzona w 1902 roku kiedy to firma wprowadziła na rynek samochody z silnikami spalinowymi, ciężarówki, autobusy, tramwaje, wagony...

Do 1910 roku wyprodukowano ponad 400 samochodów. Następnie zaprzestano ich wytwarzania i rozpoczęto produkcję motocykli, z których największą część, bo 500 sztuk dostarczono na zamówienie Ministerstwa Wojny.

Będąc zawsze na bieżąco z postępem technicznym oraz podążając za ówczesnymi światowymi trendami i poszukując nowych, atrakcyjnych produktów, firma Mellera rozpoczęła produkcję sterowców i samolotów w roku 1909. Do końca

Duks minibus from 1902. It was powered by an electric engine.
Minibus Duks z 1902 roku. Był napędzany silnikiem elektrycznym. [IATR]

Luxury draisine manufactured in 1903 for use with the Russian railways.
Luksusowa drezyna wyprodukowana w 1903 roku na użytke kolei rosyjskich. [IATR]

The same year, Meller emigrated to France, having previously changed his surname to Brezhnev, after the maiden name of his wife. He returned to Russia by the end of 1920, and again, took over the management of the company, this time as a director.

In mid-1918, the company was nationalized by the Soviet government and renamed to *State aviation plant number 1* (ГАЗ №.1). During the years that followed, the factory changed its production programmes and names. Finally in 1993, it was returned its original name, *DUKS*. The factory still exists and it has been producing aircraft and missile weapons.

Duks Produces Airplanes

It is assumed that Meller first met aircraft in France in 1908, during one of his journeys. At that time Wilbur Wright often performed propaganda flights in France promoting his Flyer A aircraft. It left a deep impression on Meller, and he

1917 roku Zawod DUKS wyprodukował ponad 1700 samolotów, głównie na francuskich licencjach.

W tym samym roku Meller wyemigrował do Francji, zmieniając wcześniej nazwisko na Breżniew, jak brzmiało panieńskie nazwisko jego żony. Wrócił do Rosji pod koniec 1920 roku i ponownie objął kierownictwo firmy, lecz tym razem już nie jako właściciel, a jako dyrektor.

W połowie 1918 roku firma została znacjonalizowana przez rząd sowiecki i została przemianowana na państwowe zakłady lotnicze Nr 1 (ГАЗ nr 1). W kolejnych latach fabryka zmieniła swoje programy produkcyjne i nazwy. Wreszcie w 1993 roku przywrócono jej pierwotną nazwę, DUKS. Firma wciąż istnieje i produkuje samoloty oraz uzbrojenie rakietowe.

Duks rozpoczyna produkcję samolotów

Przyjmuje się się, że Meller po raz pierwszy spotkał się z samolotami we Francji w 1908 roku podczas jednej ze swoich podróży. W tym czasie Wilbur Wright często wyko-

Production of cars with 7 HP (5kW) gasoline engine began in 1904. Around one hundred of these cars were produced at Duks factory in the next two years.
Produkcja samochodów z silnikiem benzynowym o mocy 7 KM (5kW) rozpoczęła się w 1904 roku. Około stu tych samochodów wyprodukowano w fabryce Duks w ciągu najbliższych dwóch lat. [IATR]

**Duks Airship "Hawk" during a test flight over Moscow. The airship was constructed in 1909.
Sterowiec „Jastrząb" podczas lotu próbnego nad Moskwą. Został zbudowany w 1909 roku. [FSRV]**

firmly decided that his factory would start making aircraft in the near future. Production of new, technically advanced products was something that completely fitted his business philosophy. His factory already had talented engineers and experienced workers who were capable of producing the most complex machine components.

In mid-1909, Meller's factory made the first aircraft, according to the brothers Wright model of Flyer A. It was constructed by experienced factory engineer Jevgrafov (Н.П. Евграфов). He was already engaged on the project and construction of the Duks airship "Jastreb" (Ястреб), so that he was familiar with all the structural elements of aircraft. The test flights were not performed because the factory couldn't provide the appropriate engine. The aircraft was nevertheless shown at an aviation exhibit at the end of 1909, together with the aircraft of famous manufacturers from Europe.

Meller realized on time that Russia could not long fall behind the advanced European countries in the aeronautics development, especially the military one. His plan was that the Duks factory should soon start producing aircraft

nywał loty propagandowe we Francji promując swój samolot Flyer A. Na Mellerze wywarł on wielkie wrażenie, a on sam zadecydował, że jego fabryka zacznie produkować samoloty już w najbliższej przyszłości. Wytwarzanie nowych, zaawansowanych technicznie produktów była czymś, co całkowicie odpowiadało jego filozofii biznesowej. Jego fabryka miała już utalentowanych inżynierów i doświadczonych pracowników, którzy byli w stanie produkować najbardziej złożone komponenty maszyn.

W połowie 1909 rroku fabryka Mellera wyprodukowała swój pierwszy samolot, oparty na maszynie Flyer A braci Wright. Skonstruował go doświadczony inżynier fabryki Jewgrafow (Н.П. Евграфов). Był on już zaangażowany w projekt i budowę sterowca „Jastrieb" (Ястреб), dzięki czemu poznał wszystkie najważniejsze elementy konstrukcji samolotu. Loty próbne nie zostały jednak przeprowadzone, ponieważ fabryka nie mogła zapewnić odpowiedniego silnika. Samolot został jednak zaprezentowany na wystawie lotniczej pod koniec 1909 roku wraz z samolotami znanych europejskich producentów.

**Duks I was the first airplane manufactured at Duks factory and was patterned according to Farman HF III, during the summer of 1910.
Pierwszy samolot wyprodukowany w fabryce Duks powstał na bazie konstrukcji Farman HF III latem 1910 roku. [FSRV]**

Duks biplane before take off at an airfield near Moscow in 1911. Its similarity with French Farman HF VII is evident.
Dwupłat Duks przed startem na lotnisku pod Moskwą w 1911 roku. Widzimy jego podobieństwo do francuskiego Farmana HF VII. [AMB]

in larger series, initially under license. The problem was that he should choose the right model of the many that broke records every day in those years.

During 1910, Henry Farman "HF III" aircraft became extremely popular in France, despite their structural imperfection. They were made in two versions, for training and for competition. They had a series of record flights and they often won prizes on many aeronautical competitions. They served as models to many constructors even beyond the borders of France. It was this very aircraft that Meller chose for serial production.

In the very summer of 1910, the Duks factory made the first aircraft modeled on Farman HF III. It was marked Duks I and it was custom-built. It was different from the original construction by the type and the engine power, redesigned tail and reduced angle of wing setting. The ENW 60HP (46kW) engine was more powerful, but also twice the weight of the original. It turned out that these changes didn't bring the improvement of flight performance, and there also appeared problem with the center of gravity. These flaws were removed during the test flights and the aircraft was delivered to its buyer at the price of 10,000 rubles. The factory soon made another aircraft Duks II, which was significantly lighter than the previous one.

In early 1911, the Ministry of Army of Imperial Russia decided to establish the Air Force, following the developed

Meller z czasem zdał sobie sprawę, że Rosja nie może długo pozostawać w tyle za zaawansowanymi krajami europejskimi na polu rozwoju lotnictwa, zwłaszcza wojskowego. Jego zamiarem było, że fabryka Duks powinna wkrótce rozpocząć produkcję samolotów w większych ilościach, początkowo na podstawie licencji. Problem polegał na tym, który typ samolotu wybrać, bo kolejne rekordy lotnicze bito w tych czasach niemal każdego dnia.

W 1910 roku samoloty Henry'ego Farmana - „HF III" - stały się niezwykle popularne we Francji, pomimo ich konstrukcyjnej niedoskonałości. Były budowane w dwóch wersjach – szkolnej i sportowej. Odbyły serię rekordowych lotów i często zdobywały nagrody na wielu zawodach lotniczych. Służyły one za wzór wielu konstruktorom nawet poza granicami Francji. To właśnie ten samolot Meller wybrał do produkcji seryjnej.

Latem 1910 roku fabryka Duks wyprodukowała pierwszy samolot wzorowany na Farmanie HF III. Został oznaczony jako Duks I i był zbudowany na zamówienie. Różnił się on od oryginalnej konstrukcji rodzajem i mocą silnika, przeprojektowanym ogonem i zmniejszonym kątem nachylenia płatów. Silnik ENW o mocy 60 KM (46 kW) był mocniejszy, ale także dwa razy większy niż oryginalny. Okazało się, że zmiany te nie przyniosły poprawy osiągów lotu, a także pojawił się problem ze środkiem ciężkości maszyny. Te wady zostały usunięte podczas lotów próbnych, a samolot został dostar-

Duks biplane before the accident during test at First competition for military airplane in the autumn of 1911.
Dwupłat Duks jeszcze przed wypadkiem podczas próby na pierwszych zawodach samolotów wojskowych jesienią roku 1911. [AMB]

Duks biplane after the repairs and minor modification, 1912.
Dwupłat Duks po naprawie i dokonaniu drobnych modyfikacji, 1912 rok. [AMB]

European countries, with six squadrons. Therefore, in the mid-year, a public competition for the selection of military aircraft of indigenous design was announced. There were "*Conditions of the military competition for the Russian aircraft*" which should be met:

...*The aircraft must take off from plowed and sown ground. In doing so, the take off roll must be less than 120m and the landing distance to 90m. The aircraft assembly units must be easily interchangeable and the construction must be simple to rework. The aircraft should take off independently, without help from the outside...Minimal load carrying capacity is 160kg+20kg (pilot, passenger and equipment), rate of climb 500m in 15 min, maximum speed over 80km/h, flight time 1.5h the least, ferry flight over 180 versts(192 km)...The engine must be at least four-cylinder with the margin of power 25-30%...*" It was also stated that:"...*the aircraft must be folding, so that it could be packed in 7,5x2,9m boxes, not heavier than 400kg, and lighter than 1500kg together with the transport vehicle. Assembling and disassembling time should not be longer that 1-1.5h, and with packing in boxes to 4h...The aircraft should be suitable for the weapon handling and throwing bombs.*

The Duks factory registered for the competition with two-seater monoplane of similar construction as Bleriot XI. The aircraft had a crash during the test flight, so it was heavily damaged. Meller managed to replace it and to send another aircraft for the competition. Daily newspaper "Новое время" delivered the news:

...*The famous aviator Gaber-Vlinski arrived from Moscow to St. Petersburg in order to deliver the aircraft made in the Moscow factory "Duks" to the military department. The aviator made series of great flights on this aircraft yesterday...*

This time, it was a two-seater Duks biplane made according to the model of the French Farman VII, but it was partially redesigned. The aircraft testing in accordance with the competition programme was resumed in October.

Before the end of the competition, the commission brought the following conclusion:

The aircraft is completely made of indigenous materials, except for the engine. It has the ability to take off and land from plowed ground and unprepared meadows; up to the altitude of 500m it climbs in 10 minutes; the average speed in flight with full load is satisfactory and it amounts to 60 versts per hour (63,3 km/h), which is satisfactory. The aircraft is easy to assemble and it can be packed in only two boxes of the given dimen-

czony do nabywcy po cenie 10 000 rubli. Wkrótce fabryka wyprodukowała kolejny samolot Duks II, który był znacznie lżejszy od poprzedniego.

Na początku 1911 roku Ministerstwo Wojny carskiej Rosji postanowiło utworzyć siły powietrzne, w ślad za rozwiniętymi krajami europejskimi. Miało się ono składać z sześciu eskadr. Dlatego w połowie tego roku ogłoszono publiczny konkurs na wybór samolotów wojskowych rodzimej konstrukcji. Sporządzono dokument, zatytułowany „Warunki konkursu na rosyjski samolot wojskowy", a zamieszczone w nim wymagania należało spełnić:

... *Samolot musi mieć możliwość startu z zaoranej i obsianej ziemi. Rozbieg musi być mniejszy niż 120 m, a dobieg 90 m. Elementy samolotu muszą być łatwe do wymiany, a konstrukcja musi być łatwa do modyfikacji. Samolot powinien startować samodzielnie, bez pomocy z zewnątrz (...) Minimalna nośność wynosi 160 kg + 20 kg (pilot, pasażer i wyposażenie), prędkość wznoszenia do 500 m w 15 min, maksymalna prędkość ponad 80 km/h, czas lotu przynajmniej 1,5 h, przebazowanie z lotniska na lotnisko na odległość 180 wiorst (192 km) ...Silnik musi być co najmniej czterocylindrowy z zapasem mocy 25-30%...* Stwierdzano również, że: ...*samolot musi być składany, aby można go było zapakować w skrzynie 7,5 x2,9m, nie cięższe niż 400 kg i lżejsze niż 1500 kg wraz z pojazdem transportowym. Czas montażu i demontażu nie powinien być dłuższy niż 1-1,5 godziny, a przy zapakowaniu w skrzynie do 4 godzin (...) Samolot powinien nadawać się do przenoszenia uzbrojenia i zrzucania bomb.*

Fabryka Duks przystąpiła do konkursu z dwumiejscowym jednopłatem o podobnej konstrukcji jak Bleriot XI. Samolot miał awarię podczas lotu testowego, w wyniku której został poważnie uszkodzony. Mellerowi udało się go wymienić i wysłać na potrzeby konkursu kolejny samolot. Dziennik „Новое время" donosił:

...*Sławny lotnik Gaber-Wliński przyleciał z Moskwy do Petersburga, aby dostarczyć samolot wojskowy wyprodukowany w moskiewskiej fabryce „Duks". Lotnik wykonał wczoraj na tym samolocie serię znakomitych lotów...*

Tym razem był to dwumiejscowy dwupłat Duks wykonany na podstawie francuskiego Farmana VII, który został częściowo przeprojektowany. Próby samolotów zgodnie z programem konkursu zostały wznowione w październiku.

Przed zakończeniem konkursu komisja sporządziła następujący raport:

sions, and the assembling and disassembling time is significantly shorter than required.

During the preparations for the last test, the Duks biplane was accidently hit and damaged by another aircraft. Aircraft ferry flight to the distance of 200 meters was not performed, although this requirement would also be met without problems. After the end of the competition, the Duks joint stock company was rewarded with 4,000 rubles. The aircraft was soon repaired, and slightly modified on that occasion. The skis of the landing gear were shortened, the rudder was also redesigned by getting a larger area and the tail skid was also replaced later. Despite the fact that it had met the competition requirements, the Duks biplane was not accepted as a military aircraft by the decision of the Ministry of the Army. It was placed in the factory hangar, and it would be delivered to the Kingdom of Serbia the following year.

The Duks factory submitted two new aircraft, a biplane and a monoplane, to "The second All-Russian military aircraft competition" which began in August 1912. This time, the competition was carried out on an airfield in the vicinity of St. Petersburg. In the competition of ten competitors, the Duks aircraft took the second and the third place, immediately after the Sikorski (Игорь Сикорский) construction. The success at competitions enabled the joint stock company to provide large orders for the Russian Air Force in the years that followed.

Duks biplane in Serbia

Before the beginning of the First Balkan War, of all the countries that participated in the conflict, only Montenegro and Serbia hadn't had their own air force yet. However, Serbian aviation was in the process of formation at that time. Six candidates, who were sent to France by the Ministry of Army, had completed pilot training, and aircraft purchase was in progress. Since the time of delivery of the aircraft and their equipment was not certain, the Serbian government decided to purchase urgently one aircraft in Russia. The purchase of the aircraft also implied engaging a pilot and an aircraft mechanic.

Duks awarded airplane during the Second all-Russian competition of military airplanes in 1912. The construction represented a combination of Farman "HF VII" and "HF 20".
Nagrodzony samolot Duks podczas drugiego ogólnorosyjskiego konkursu samolotów wojskowych w 1912 roku. Konstrukcja stanowiła kombinację rozwiązań z Farmana „HF VII" i „HF 20". [FSRV]

The owner of factory Julius Meler (right) and pilot Vlinski in front of the airplane manufactured at Duks factory. During the next years the factory received large orders for the Russian air force.
Właściciel fabryki Julius Meller (z prawej) oraz pilot Wliński przed samolotem wyprodukowanym w fabryce Duks. W kolejnych latach fabryka otrzymała duże zamówienia dla rosyjskiego lotnictwa. [FSRV]

This complex task was given to archimandrite Mihailo (Urošević), an elder of the Serbian metochion in Moscow at the beginning of October 1912. Since he was appointed to this position in 1905, thanks to his engagement, he met a large number of influential people of Imperial Russia over the years. In addition to that, he was the only official representative of the Kingdom of Serbia in Moscow, where there were the largest aircraft factories at that time.

Immediately after receiving the order, Mihailo contacted Serbian engineering students who studied in Moscow and St. Petersburg. Among them, he selected those who were interested in aviation technology as well as their Russian colleagues who dealt with it more seriously to be his associates.

In the days that followed, they collected information, visiting plants and contacted manufacturer representatives. That was how they came to the conclusion that, at that moment, the offer of the Duks factory was the most favourable. The archimandrite and his associates visited the factory in the mid-October, where they were received by Meller, the president of the joint-stock company. He explained that all the current capacities of the factories were engaged in completing orders for the needs of the Russian Air Force, and that they were not able to deliver a new aircraft in a short term. He could only offer the Duks biplane, which participated at the military competition and was rewarded the year before.

As the military operations of the First Balkan war had already begun, there was not much time for the aircraft pur-

Trwały też zakupy samolotów. Ponieważ terminy dostaw maszyn oraz ich wyposażenia nie były pewne, serbski rząd postanowił pilnie zakupić jeden samolot w Rosji. Zakup samolotu oznaczał także wybór pilota i mechanika.

To trudne zadanie powierzono archimandrycie Mihailo (Uroševićowi), przełożonemu serbskiego metochionu (odpowiednik nuncjatury – przyp. TB) w Moskwie jeszcze na początku października 1912 roku. Od czasu powołania go na to stanowisko w roku 1905 dzięki swojemu zaangażowaniu poznał dużą liczbę wpływowych osobistości carskiej Rosji. Poza tym był jedynym oficjalnym przedstawicielem Królestwa Serbii w Moskwie, gdzie istniały wówczas największe zakłady produkcji samolotów.

Natychmiast po otrzymaniu tego zadania Mihailo skontaktował się z serbskimi studentami, którzy studiowali na politechnikach w Moskwie i Petersburgu. Spośród nich wybrał tych, którzy byli poważnie zainteresowani techniką lotniczą, a także ich rosyjskich kolegów.

W kolejnych tygodniach zbierali oni informacje, odwiedzali zakłady lotnicze i kontaktowali się z przedstawicielami producentów. W ten sposób doszli do wniosku, że na tamtą chwilę oferta fabryki Duks była najkorzystniejsza. Archimandryta oraz jego współpracownicy odwiedzili fabrykę w połowie października, gdzie zostali przyjęci przez Mellera, prezesa spółki akcyjnej. Wyjaśnił, że wszystkie obecne moce produkcyjne fabryki są zaangażowane w realizację zamówień na potrzeby rosyjskich sił powietrznych i że nie jest ona w stanie dostarczyć nowego samolotu w krótkim okresie czasu. Mógł jedynie zaoferować dwupłat Duks, który brał udział w w/w zawodach, na których otrzymał nagrodę.

Ponieważ działania pierwszej wojny bałkańskiej już się rozpoczęły, nie było zbyt wiele czasu na zakup samolotów, a wybór był ograniczony. Toteż oferta fabryki Duks została przyjęta. Stosowna umowa została wkrótce podpisana, a za samolot zapłacono 30 000 dinarów. Do końca października został zdemontowany, spakowany do skrzyń i przygotowany do transportu do Serbii.

Serbska prasa kwestionowała później wysoką cenę samolotu, ponieważ we Francji można było pozyskać tańsze dwumiejscowe jednopłaty Deperdussin i Bleriot. Nie jest jasne, dlaczego pojawiła się taka krytyka, ponieważ cena bardzo podobnego dwumiejscowego dwupłata Farman VII z tym samym silnikiem była identyczna - 30 000 franków. W owym czasie kurs wymiany walut większości krajów europejskich wynosił 1:1.

Na wniosek wspomnianych studentów-współpracowników archimandryta zaangażował 21-letniego Aleksandra Agafonowa (Александар Агафонов Александрович) w charakterze pilota zakupionego samolotu. W tym czasie był on jednym z najsłynniejszych rosyjskich lotników, instruktorem szkoły lotniczej w Petersburgu i aeroklubu Saratowskiego, z licencją pilota Carskiego Aeroklubu Siewierskiego nr 21. Nauczył się latać Farmanem w zaledwie trzy dni. Rok wcześniej, w lipcu 1911 roku, podczas zawodów na trasie Petersburg-Moskwa, zajął drugie miejsce na dwunastu zawodników. Agafonow został zatrudniony z wynagrodzeniem w kwocie 5240 dinarów (2000 rubli), co było wówczas ogromną sumą. Oprócz pilota wynajęto też mechanika Władymira Sawieljewa (Савельев Владимир Фёдорович), przyszłego konstruktora samolotów.

Dwupłatowiec Duks, Agafonow i Sawieljew przyjechali do Belgradu pociągiem dnia 1 listopada 1912 roku. (19 li-

chase and the choice was limited. That was why the offer of the Duks factory was accepted, so the contract was soon signed, and the aircraft was paid for 30,000 dinars. By the end of October, it was disassembled, packed and ready to be transported in Serbia.

The Serbian press later raised a question about the high price of the aircraft, as cheaper two-seater monoplane types Deperdussin and Blerio could be bought in France. It is unclear why such criticism was launched, since the price of a very similar aircraft, two-seater biplane FarmanVII, with the same engine, was identical - 30,000 francs. At that time, the currency ratio in most European countries was 1:1.

At the proposal of the mentioned students-associates, the archimandrite engaged 21-year-old Alexander Agafonov (Александар Агафонов Александрович) as a pilot of the purchased aircraft. At that time, he was one of the most famous Russian aviators, instructor of the Flight school in St. Petersburg and Saratovsky aero club, with Imperial Sverski aero club pilot license number 21. He learned to fly Farman in three days only. A year earlier, in July 1911, at the ferry competition St. Petersburg-Moscow, he won the second place in the competition of twelve contestants. Agafonov was hired for the salary of 5,240 dinars (2,000 rubles) which was a huge amount at that time. Besides the pilot, an aircraft mechanic Vladimir Saveljev (Савельев Владимир Фёдорович), the future aircraft designer, was hired.

The Duks biplane, Agafonov and Saveljev arrived to Belgrade by train on 1 November 1912. (19 Nov – according to the Julian calendar). Immediately after the arrival, they contacted the Ministry of Army. They stayed in Belgrade for eight days. They used that time to examine and check the airworthiness of the seized R.E.P. aircraft and to give their expert opinion about its quality, at the request of the military authorities. The aircraft was seized a few weeks earlier at the train station Toponica near Niš during its transport from France to Istanbul.

In the evening of 9 October (27 Oct), by the order of the General Headquarters, Agafonov and Saveljev, together with the Duks aircraft and the necessary equipment, were sent by rail to Skoplje (Uskub). There they stayed a few days and after that, they continued to Veles (Köprülü), again by rail. They were supposed to be transported by transport vehicle

stopada - według kalendarza juliańskiego). Natychmiast po przybyciu udali się do Ministerstwa Wojny. Pozostali w Belgradzie przez osiem dni. Wykorzystali ten czas na sprawdzenie i zbadanie własności lotnych zdobycznego samolotu R.E.P., aby na zlecenie władz wojskowych wydać opinię na temat jego jakości. Samolot został zdobyty kilka tygodni wcześniej na stacji kolejowej Toponica koło Niszu podczas transportu z Francji do Stambułu.

Wieczorem 9 października (27 października), na polecenie Naczelnego Dowództwa, Agafonow i Sawieljew wraz z samolotem Duks i niezbędnym wyposażeniem, udali się transportem kolejowym do Skoplje (Uskub). Tam zatrzymali się na kilka dni, a następnie kontynuowali podróż do Veles (Köprülü), także koleją. Stamtąd mieli być przewiezieni pojazdem transportowym do Prilepu, gdzie stacjonowała kwatera główna I Armii. Z powodu braku odpowiedniego, ciągnionego przez woły wozu, dalsza podróż okazała się niemożliwa. Wówczas Agafonow zaproponował wykonanie przelotu do Prilepu, lecz jego sugestia została odrzucona.

Samolot został zmontowany w Veles, lecz okazało się, że silnik Gnome Gamma o mocy 70 KM (52 kW) nie został w nim zastosowany, jak uzgodniono w trakcie zakupu. Zamiast niego zainstalowano słabszy silnik Gnome Omega o mocy 50 KM (37 kW). Agafonow natychmiast poinformował o tym kwaterę główną, zauważając, że samolot nie może latać z takim silnikiem i zaproponował zakup mocniejszego silnika. Wkrótce poinformowano o zaistniałej sytuacji poselstwo rosyjskie w Belgradzie, które przekazało te informacje swoim przełożonym w Rosji, a cała sprawa przybrała wymiary afery. Pisały o tym zarówno gazety serbskie, jak i rosyjskie. Moskiewska gazeta „Trudowaja kopiejka" (Трудовая копеѣйка) informowała, że:

...Wszechrosyjski aeroklub carski utworzył specjalną komisję, która ujawni machinacje i oszustwa lotnika Wasiljewa. Jak się okazuje, sprzedał on armii serbskiej całkowicie bezużyteczny samolot. Aeroklub wszechrosyjski otrzymał od naszego posła w Belgradzie zawiadomienie na temat tej sprzedaży i zamierza oskarżyć lotnika Wasiljewa. Wasiljewowi grozi utrata uprawnień. Kręgi lotnicze Petersburga twierdzą, że to oszustwo nie jest jedyne i że istnieje cała seria machinacji lotnika Wasiljewa oraz że podczas przesłuchania świadków wypłynie więcej sensacyjnych faktów...

Duks biplane" before take off with a passenger in the rear seat, 1912.
Duks tuż przed startem, z pasażerem na tylnym siedzeniu, rok 1912. [AMB]

from there to Prilep, where the Headquarters of the I army was settled. Due to the lack of the appropriate vehicle with an oxcart, they didn't continue their journey. That was why Agafonov suggested to ferry to Prilep, but his suggestion was rejected.

The aircraft was assembled in Veles, and then they saw that the Gnome Gamma engine of 70 HP (52kW) wasn't built in it, as agreed during the purchase, there was a weaker engine Gnome Omega of 50HP(37kW) instead. Agafonov immediately informed the General Headquarters about this, noting that the aircraft could not fly with an engine like that and he proposed a stronger engine to be acquired. The Russian Legation in Belgrade was soon informed, and they forwarded the information to authorities in Russia, so that the entire case assumed the proportions of an affair. Both Serbian and Russian newspapers wrote about this. Moscow paper "Trudovaja kopejka" (Трудовая копеъйка) brought the news that:

...Imperial All-Russian aero club formed a special commission which will expose the machinations and fraud of aviator Vasiljev. As it turned out, he sold the completely unusable aircraft for flying to the Serbian Army. Imperial All-Russian aero club has got a statement from our ambassador in Belgrade about that sale, and he intends to prosecute aviator Vasiljev. Vasiljev is threatened by loss of rights. The aviation circles of St. Petersburg say that this fraud is not the only one and that there is a whole series of aviator Vasiljev's machinations and that during questioning of the witnesses more sensational facts will appear...

Aviator Vasiljev (Александр Васильев Алексеевич) organized a department in Slavyansk Committee (Славянский комитет) in Moscow which gathered pilots-volunteers for helping Bulgaria during the First Balkan War. He was probably a mediator in procurement of the Duks aircraft for the Serbian Army.

The First Army Command issued an order on 19 November (6 Nov) for the aircraft to stay in Veles because it was not needed for further military operations. The very next day it was ordered that the aircraft and the equipment be returned to Skoplje. Agafonov continued to Belgrade where he got a permission and money for trip to Paris where he should buy a new engine. He stayed for ten days there and he managed to get the Gnome Gamma engine at the price of 18,000 dinars.

While Agafonov was in Paris, Serbian aviators who had completed pilot training in France a few months earlier arrived to Skoplje. Their French colleagues, aviators Emile Vedrines, Louis Godefroy, Raoul de Reals, Emile Brodin and a mechanic François Cornier also arrived. They were hired by the Serbian Government, aware of the lack of training and modest flying experience of newly graduated Serbian pilots.

Temporary aeronautical center, with one aircraft, the Duks biplane, was formed in Skoplje. In the following days, Serbian pilots performed training on the ground by aircraft, but they didn't try to take off, respecting Agafonov's opinion. However, after a few days, they decided to lift to air. So, on 10 December 1912 (27 Nov 1912.) Mihailo Petrović and Jovan Jugović were honored to be the first Serbian pilots to fly by plane owned by Serbia over the Serbian territory. Although the flights were short and performed above the airfield at low altitude, they still aroused great interest of many citizens of Skoplje who watched them.

That day, Agafonov also arrived from Belgrade, but he flew in the afternoon the following day, denying his own as-

**Aviator Agofanov (left) and his passenger Kolcin in front of Farman HV IV at Novosibirsk, during the Saint Petersburg to Moscow air race, July 1911.
Pilot Agafonow (z lewej) i jego pasażer Kolczin przed Farmanem HV IV w Nowosybirsku, podczas rajdu lotniczego na trasie Sankt Petersburg - Moskwa, lipiec 1911 roku. [FSRV]**

Wasiljew (Александр Васильев Алексеевич) w moskiewskim komitecie słowiańskim (Славянский комитет) odpowiedzialny był za wydział, który gromadził pilotów-ochotników dla Bułgarii podczas pierwszej wojny bałkańskiej. Prawdopodobnie był pośrednikiem w zakupie samolotów Duks dla armii serbskiej.

Dowództwo I Armii wydało rozkaz z dnia 19 listopada (6 listopada), aby samolot pozostał w Veles, ponieważ nie był przydatny w działaniach bojowych. Już następnego dnia nakazano zwrot samolotu i sprzętu do Skoplje. Agafonow pojechał do Belgradu, gdzie otrzymał pozwolenie i pieniądze na podróż do Paryża, gdzie miał zakupić nowy silnik. Pozostawał tam przez dziesięć dni i udało mu się nabyć silnik Gnome Gamma w cenie 18 000 dinarów.

Podczas gdy Agafonow przebywał w Paryżu, lotnicy serbscy, którzy kilka miesięcy wcześniej ukończyli szkolenie we Francji, pojawili się w Skoplje. Przyjechali z nimi także ich francuscy koledzy, lotnicy Emile Vedrines, Louis Godefroy, Raoul de Reals, Emile Brodin i mechanik François Cornier. Zostali oni wynajęci przez rząd serbski, świadomy braków w wyszkoleniu i skromnego doświadczenia świeżo upieczonych pilotów serbskich.

W Skoplje powołano tymczasowy ośrodek lotnictwa, wyposażony w jeden dwupłat Duks. W kolejnych dniach serbscy piloci przechodzili w samolocie szkolenie naziemne,

sessment that the aircraft was not capable to fly with the existing engine. Significantly, more experienced that Serbian pilots, he managed to take off and ferry over Skoplje at an altitude of 1,200m, which left a strong impression on the observers.

The next day, prince Aleksandar and Duke Arsen Karađorđević came to visit the aviators. Russian "Vesnik vazduhoplavania" (Вестник ваздухоплования) writes about the visit:

Aviator Agafonov preformed a few flights on Farman (Duks A/N) in Skoplje in the presence of Prince Aleksandar and top brass Serbian officers.

British aviation magazine Flight also brings the news:

Serbian Aviator Agafonov preformed three flights over Skoplje accompanied by an heir of the Kingdom of Serbia. After landing, soldiers and large audience enthusiastically greeted the pilot and his royal passenger.

A public flight was scheduled for the afternoon of 13 December (30 Nov). Many visitors started to gather at the airfield since noon. Some officials of civil and church authorities, as well as the officers of the Skoplje Command, attended this event. Flying started at about two o'clock in the afternoon. The pilots who went to Farman's pilot school, firstly Mihajlo Petrović, and then Vojislav Novičić and Jovan Jugović, flew the Duks biplane.

The aircraft was inspected by commission after the flight. The commission found that the aircraft had a weaker engine Gnome Omega of 50HP which was not stipulated in the contract. Thus, the price of the aircraft was unjustifiably increased by about 10%. The commission found that the Duks biplane could still be used for school and proficiency flights.

lecz – zgodnie z zaleceniami Agafonowa – nie wzbijali się w powietrze. Jednak po upływie następnych kilku dni zdecydowali się na ten krok. Tak więc 10 grudnia 1912 roku (27 listopada 1912) Mihailo Petrović i Jovan Jugović otrzymali zaszczyt bycia pierwszymi, którzy odbyli lot serbskim samolotem nad terytorium Serbii. Chociaż loty były krótkie i odbywały się nad samym lotniskiem na małej wysokości, wzbudzały duże zainteresowanie wielu mieszkańców Skoplje.

Tego samego dnia Agafonow przyjechał z Belgradu, a już nazajutrz po południu sam wzbił się w powietrze, zaprzeczając przy tym własnej opinii, że samolot nie był w stanie latać z obecnym silnikiem. Co znamienne, będąc bardziej doświadczony niż serbscy piloci, udało mu się przelecieć nad Skoplje na wysokości 1200 m, co wywarło silne wielkie na obserwatorach wydarzenia.

Następnego dnia książę Aleksandar i książę Arsen Karađorđević przyjechali odwiedzić lotników.

Rosyjskie pismo „Wiesnik wazduchopławania" (Вестник ваздухоплования) tak pisało o tej wizycie:

Lotnik Agafonow wykonał kilka lotów na Farmanie (Duks A/N) w Skoplje w obecności księcia Aleksandara oraz wyższych oficerów serbskich.

Brytyjski magazyn lotniczy „Flight" również informował o tym zdarzeniu:

Serbski lotnik Agafonow wykonał trzy loty nad Skoplje, w towarzystwie następcy tronu Królestwa Serbii. Po wylądowaniu żołnierze i licznie zgromadzona publiczność entuzjastycznie powitali pilota i jego dostojnego pasażera.

Na popołudnie 13 grudnia (30 listopada) zaplanowano pokaz publiczny. Wielu widzów zaczęło gromadzić się na lotnisku już od południa. W wydarzeniu wzięli udział niektórzy urzędnicy władz cywilnych i kościelnych, a także oficerowie

Duks biplane wing assembly at the airfield near Skoplje, beginning of December 1912. Mechanics are being helped with soldiers in assembly of the central fuselage to the lower wing spars.
Montaż dwupłata Duks na lotnisku w pobliżu Skoplje, początek grudnia 1912 roku. Mechanicy przy pomocy żołnierzy mocują środkową część kadłuba do dźwigarów dolnego skrzydła. [AMB]

Those days, Emile Vedrines sent a letter to his friend Jacques Mortane, a journalist of the Parisian magazine L'Illustration:

...*Skoplje, December 17th, 1912...Everything is fine here in Skoplje; wonderful weather, a lot of happy people, healthy environment, except for the dogs that dig up dead bodies every day... Here we found the Henry Farman aircraft (Duks biplane A/N) of Russian production, which belonged to Agafonov, and which was bought by the Serbian Government some time ago. De Reals flies it every day, which leaves strong impression on the residents. Petrović, Jugović and Novičić also train on it...I took the opportunity to try this biplane. It is interesting, but I prefer monoplane... We fly every day in Skoplje and we are waiting for the opening of the aeronautical center in Niš to be ready; as soon as possible, we will ferry to this city which is about 200km away from Skoplje. This will be very demonstrative and I have no doubts about success, since the Serbian aviators have been training very seriously. We fly over Skoplje which is very interesting because it is surrounded by mountains and villages on hills...Your friend, E. Vedrines, a pilot in Serbia.*

In the meantime, Serbian Army Command made the decision to form an aeronautical center on Trupalsko field near Niš. The Duks biplane was disassembled, packed and sent to Niš by rail on 15 December (2 Dec). A few days later, the pilots travelled to the new airfield.

The aircraft bought in France, three Farman HF 20, two two-seaters and one single-seater Blerio XI arrived to Serbia at that time. There were also two additionally purchased two Deperdisen T for the French pilots Vedrines and Godefroy who insisted to fly them. All these aircraft were placed at the newly formed aeronautical center near Niš on 27 December (14 Dec). At the beginning of January 1913, one more aircraft arrived. Editorial of the St. Petersburg journal "Novoe vremja" (Новое время) gave a Henry Farman HF VII to Ser-

A group of Serbian pilots and soldiers with the municipality president Spira Hadži-Ristić (in the middle) in front of Duks biplane at Skoplje, 10 December 1912. The third from the left is Miodrag Tomić, fifth Mihailo Petrović, sixth Vojislav Novičić, eight Jovan Jugović. On that day Serbian pilots flew for the first time in this airplane.
Grupa serbskich pilotów i żołnierzy z przewodniczącym lokalnej gminy Spirą Hadži-Ristićem (w środku) przed dwupłatem Duksa w Skoplje, 10 grudnia 1912 rokuy. Trzeci od lewej to Miodrag Tomić, piąty Mihailo Petrović, szósty Vojislav Novičić , ósmy Jovan Jugović. Tego dnia serbscy piloci latali tym samolotem po raz pierwszy. [AMB]

bian Army as a present. The aircraft arrived accompanied by Russian aviator Kirstein (Иван Кирштайн).

Serbian aviators flew every day at the new airfield, perfecting their pilot skill with the help of more experienced colleagues from abroad. Although the Duks had more modest capacities, the pilots, Russian as well as French, flew it and were engaged on it gladly. Belgrade magazine "Little Journal" brings the news on January 1913:

G.M. Vukosavljević Ćamur, a learning pilot. This young sportsman flew a couple of times in Niš with French and our military aviators to high altitudes, who, at his request, made very bold overbanks. Especially distinguished was the flight with the famous French aviator Godefroy, who performed spiral descent with vol plané from 1,500m together with this young aviator...

After the end of the armistice, within the military help to Montenegrin army during the Skadar siege, Serbian Command decided to send an aircraft unit composed of four aircraft, Coastal airplane detachment. The Duks biplane was among the selected aircraft although its engagement was not initially planned. At the request of Russian aviator Kirnstein, who insisted to fly it, it was nevertheless included in the Coastal airplane detachment. On that occasion, national insignia in the form of the Serbian tricolor flag were drawn on the vertical fins and lower wing surfaces.

The detachment arrived at the battlefield in mid-March. The airfield near the village of Barbaluši (Barbullush) was capacitated, the aircraft were assembled and on 17 March (4 Mar) already test flights started. During a short flight on the Duks biplane, Kirnstein allegedly found that the engine had a failure, so that he repaired it the next twelve days. A new test flight, to the altitude of 150m, was performed only on 29 March (16 Mar). Due to bad weather and the prohibition of further participation of the Serbian Army in the Skadar siege, all the flights were banned, and the aircraft, equipment and personnel were returned to Niš.

The Duks biplane didn't participate in military operations during the Second Balkan War.

At the beginning of the Great War, the Serbian Aviation Command had seven faultless aircraft, with the Duks biplane among them, according to the official data. It was used very rarely during the war. There are data that Vojislav Novičić flew it in Niš in September 1914, but that he damaged it. The aircraft was repaired, and Novičić got the order to ferry the Duks biplane to Požarevac in order to replace the diseased pilot Tomić at the beginning of January 1915, but the ferry was abandoned.

In autumn 1915, during the Mackensen offensive, the Serbian Army was attacked from three directions, and it was forced to withdraw. All the remaining aircraft, faultless and faulty, were transferred to Košijsko field near Kruševac. At the beginning of November 1915, due to the rapid progress of significantly stronger enemy, the Serbian Army destroyed all the aircraft, equipment and fuel there. On this occasion, the Duks biplane aircraft was destroyed, too.

Duks biplane – Technical Description

The Duks biplane was a single-engine, two-seater, with wooden construction, intended for observation, school and proficiency flights. It is obvious that it was constructed according to the French Farman HF VII but with certain modifications. The expansion of the upper wing was in-

koło Niszu. Dwupłat Duks został zdemontowany, zapakowany i wysłany do Niszu koleją 15 grudnia (2 grudnia). Kilka dni później udali się na nowe lotnisko także lotnicy.

Także wtedy znalazły się w Serbii samoloty zakupione we Francji, trzy Farmany HF 20, dwa dwumiejscowe i jeden jednomiejscowy Blerioty XI. Znajdowały się tam też też dwie dodatkowo zakupione maszyny Deperdisen T dla francuskich pilotów Vedrinesa i Godefroy'a, którzy o nie zabiegali. Wszystkie te samoloty znalazły się w nowo utworzonym ośrodku lotniczym w pobliżu Niszu w dniu 27 grudnia (14 grudnia). Na początku stycznia 1913 roku dołączył jeszcze jeden samolot. Redakcja petersburskiego czasopisma „Nowoje wriemja" (Новое время) podarowała serbskiej armii jeden samolot typu Henry Farman HF VII. Jego pilotem był rosyjski lotnik Iwan Kirstein (Иван Кирштайн).

Serbscy lotnicy latali codziennie z nowego lotniska, doskonaląc swoje umiejętności pilotażu z pomocą bardziej doświadczonych kolegów z zagranicy. Chociaż Duks dysponował skromniejszymi możliwościami, piloci, zarówno rosyjscy, jak i francuscy, latali na nim chętnie. Belgradzki magazyn „Little Journal" w wiadomościach ze stycznia 1913 roku donosił, że:

G.M. Vukosavljević Ćamur, kandydat na pilota. Ten młody sportowiec kilka razy wzbijał się z Niszu na duże wysokości wraz z Francuzami i naszymi lotnikami wojskowymi, którzy na jego prośbę wykonywali bardzo śmiałe ewolucje. Szczególnie wyróżnił się lot ze słynnym francuskim lotnikiem Godefroyem, który wraz z naszym młodym lotnikiem wykonał korkociąg połączony z vol plané z wysokości 1500 m...

Już zawieszeniu broni, w ramach pomocy armii czarnogórskiej podczas oblężenia Skadaru, dowództwo serbskie postanowiło wysłać jednostkę powietrzną złożoną z czterech samolotów, tzw. Oddział Przybrzeżny. Dwupłat Duks był jednym z wybranych samolotów, chociaż jego obecność w składzie oddziału nie była początkowo planowana. Stało się tak na wniosek rosyjskiego lotnika Kirsteina. Z tej okazji na statecznikach pionowych samolotów i dolnych powierzchniach skrzydeł namalowano oznaczenia przynależności państwowej w postaci serbskiej trójkolorowej flagi.

Oddział przybył na miejsce w połowie marca. Lotnisko w pobliżu miejscowości Barbaluši zostało odpowiednio przygotowane. Samoloty zostały zmontowane, a 17 marca (4 marca) rozpoczęły się loty próbne. Podczas krótkiego lotu dwupłatem Duks Kirstein miał stwierdzić, że silnik ma usterkę, toteż naprawiał go przez następne dwanaście dni. Kolejny lot próbny na wysokości 150 m odbył się dopiero 29 marca (16 marca). Z powodu złej pogody i zakazu dalszego udziału armii serbskiej w oblężeniu Skadaru wszystkie loty wstrzymano, a samoloty, sprzęt i personel powróciły do Niszu.

Dwupłat Duks nie uczestniczył w działaniach bojowych podczas drugiej wojny bałkańskiej.

Na początku Wielkiej Wojny dowództwo lotnictwa Serbii posiadało siedem sprawnych samolotów, a wśród nich i dwupłat Duks, co potwierdzają oficjalne dane. Był on używany bojowo bardzo rzadko. Istnieją dane, że Vojislav Novičić latał na nim z Niszu we wrześniu 1914 roku i samolot uległ uszkodzeniu. Został naprawiony, a Novičić otrzymał rozkaz przelotu dwupłatem Duks do Požarevaca w celu zastąpienia chorego pilota Tomića, co miało miejsce na początku stycznia 1915 r., Ale zamysł ten został jednak zarzucony.

Jesienią 1915 roku podczas ofensywy Mackensena armia serbska została zaatakowana z trzech stron i zmuszona do od-

Mechanics working on Duks biplane maintenance, Skoplje, December 1912.
Mechanicy pracujący przy obsłudze dwupłata Duks, Skoplje, grudzień 1912 roku. [AMB]

creased to 0,7m, and the lower 0,4m, while the rear struts, that connect them, were set slantwise. The fuselage was slightly extended, to 0,1m, and the redesigned landing gear was additionally heavy. Unlike the Farman, the Duks biplane had one vertical stabilizer which represented the greatest difference from its model that had two of them. This modification also required reconstruction of the rear tubular fuselage as well as the rear horizontal stabilizer.

The power pack, in the original version, was seven-cylinder rotary Gnome Gamma engine which developed 70HP (52kW) at 1,300rpm which drove one two blade pusher propeller. The engine weighed 83kg and it consumed on average less than 30 lit/h fuel and 6 lit/h oil. Fuel was gravity fed from the tank.

The tank was made of copper sheet and was divided in two parts. The larger one, for the fuel, had a volume of approximately 90*l*, and the smaller one, with the volume of approximately 20*l*, was for the lubricant castor oil. The engine was controlled by a handle which was used to adjust the amount of fuel in the carburetor.

The fuselage construction is divided in three parts: bae of the fuselage, front tubular fuselage and rear tubular fuselage. The fuselage foundation is made of two wooden longitudinal girders with rectangular 2.9 m cross section. The girders are tied with massive wooden bearers for the spars of the lower wing. In the front in tandem there are two sheet seats and the control system. Behind the seats is a tank, lifted with bearers in order to enable the engine grav-

wrotu. Wszystkie pozostałe samoloty, zarówno sprawne jak i uszkodzone, zostały przeniesione na lotnisko Košijsko w pobliżu Kruševaca. Na początku listopada roku 1915 ze względu na szybkie postępy znacznie silniejszego przeciwnika, Serbowie zniszczyli tam wszystkie samoloty, sprzęt i paliwo. Przy tej okazji zniszczono również dwupłatowy samolot Duks.

Dwupłat Duks - opis techniczny

Duks był jednosilnikowym, dwumiejscowym dwupłatowym samolotem o drewnianej konstrukcji, przeznaczonym do lotów obserwacyjnych oraz szkolnych. Został zbudowany na podstawie francuskiej maszyny Farman HF VII, lecz z pewnymi modyfikacjami. Skos górnego płata zwiększono do 0,7 m, a dolnego 0,4 m, a łączące obydwa płaty tylne rozpórki zamocowano ukośnie. Kadłub został nieco wydłużony o 0,1 m. Przeprojektowano także podwozie poprzez jego wzmocnienie. W przeciwieństwie do Farmana dwupłat Duks miał jeden statecznik pionowy, co stanowiło najbardziej widoczną różnicę wobec pierwowzoru. Ta modyfikacja wymagała również przebudowy belek rurowych kratownicy tylnej części kadłuba, a także statecznika poziomego.

W pierwotnej wersji jednostkę napędową stanowił siedmiocylindrowy gwiazdowy silnik Gnome Gamma, który osiągał moc 70 KM (52 kW) przy 1300 obr/min i napędzał jedno dwułopatowe śmigło. Silnik ważył 83 kg i zużywał średnio mniej niż 30 litrów/h paliwa i 6 litrów h oleju. Paliwo było grawitacyjnie dostarczane ze zbiornika.

ity feed by fuel and oil. At the rear end is a steel sheet engine mount. These elements are rigidly connected with the fuselage girder and they give the necessary rigidity of the structure. The fuselage girder is 2.5m long and has a shape of two triangular grids. On one end they are rigidly connected to the leading edges of the upper and the lower wing, and they are connected at the point of support of the axle of the front horizontal stabilizer on the other end.

The 4.25m long back fuselage completely is made of two wooden rectangular tubular constructions which are tied to rear spars of the upper and lower wing on one end and they connect to the vertical fin axle on the other. The structure is weighted by steel wires with bracings.

The upper wing with 12.7m span and 1.85m chord is rectangular, wooden structure, with aerodynamically shaped tips. The structure base is made of two spars. Along the span, ribs divide the wing into 48 sections. The strong ribs are located where struts are. The front spar is at the same time the leading edge, while the rear edge is formed by tight cable. The upper wing only has ailerons at the length of 13 sections at the ends behind the rear spar.

The lower wing with 7.5m span and 1.6m chord is also rectangular and divided by ribs into 28 sections. It has the same structure as the upper wing. The wings are interconnected with 12 wooden struts rigidly connected to the spars and taut with bracing wires. In this way, the necessary rigidity is accomplished. They are impregnated fabric covered.

Zbiornik został wykonany z blachy miedzianej i podzielony został na dwie części. Większa z nich mieszcząca paliwo, miała pojemność około 90 litrów, a mniejsza, o pojemności około 20 litrów, mieściła smarny olej rycynowy. Silnik kontrolowany był za pomocą dźwigni, która służyła do regulacji ilości paliwa dostarczanego do gaźnika.

Konstrukcja kadłuba była podzielona na trzy części: środkową wraz z kokpitem, przednią z belkami rurowymi i tylną z belkami rurowymi. Podstawę kadłuba stanowiły dwie drewniane podłużnice o przekroju prostokątnym 2,9 m. Są połączone z mocnymi drewnianymi wspornikami dźwigarów dolnego skrzydła. W części środkowej znajdują się dwa obłożone płótnem siedziska oraz układ sterowania. Za siedzeniami znajduje się zbiornik paliwa, umieszczony na podwyższonych wspornikach w celu umożliwienia zasilania grawitacyjnego silnika paliwem i olejem. Silnik zamocowany jest do płyty z blachy stalowej. Elementy te są sztywno połączone z kratownicą kadłuba i zapewniają niezbędną sztywność konstrukcji. Ma ona 2,5 m długości i kształt dwóch trójkątnych okratowań. Z jednej strony są sztywno połączone z krawędziami natarcia górnego i dolnego płata, z drugiej zaś do osi, na której spoczywa statecznik poziomy będący sterem wysokości.

Tylna część kadłuba o długości 4,25 m jest w całości wykonana z dwóch drewnianych prostokątnych konstrukcji rurowych, które są przymocowane do dźwigarów górnego i dolnego płata z jednej strony, a z drugiej łączą się z osią, na której umieszczony jest ster kierunku. Cała konstrukcja wzmocniona jest stalowym drutem z usztywnieniami.

Gnome Omega rotary engine required special care during use. Its parts had short life span, and it consumed a significant amount of oil.
Silnik Gnome Omega wymagał szczególnej uwagi podczas użytkowania. Jego części miały krótką żywotność i zużywały znaczną ilość oleju. [AMB]

The vertical stabilizer is rectangular, 1.9m high and 1m wide. It is constructed of one part which is also a rudder. The rudder rotates around the vertical axle which connects upper and lower parts of the rear of the fuselage.

The horizontal stabilizer, with 3m span, is rigidly connected to the upper elements of the rear tubular fuselage. The rear elevator is tied to it by hinges. The front elevator is in front of the wing. It is rectangular, with 3.6m span and 0.65m chord. It is joint connected along the rotation axis by wooden axle to the ends of the front tubular fuselage.

The horizontal and the vertical stabilizer, as well as the front elevator are wooden structure and impregnated fabric covered. They are stiffened by steel wires with bracings.

The main landing gear is the Farman system. It consists of two skis which are rigidly connected to the front and rear spar of the lower wing over the wooden barriers and mounting brackets in the direction of the inner and middle wing strut. Each ski has two wheels connected with axle. There is a wound rubber cord around the axle and the ski which binds them elastically and has a role of an absorber. The entire system has been further strengthened by steel wires. The wooden tail skid is located at the rear of the aircraft, under the rear horizontal stabilizer. In the middle, it is joint connected to the fuselage structure and with the front over the rubber cord to the steel bracing wires. Thus designed landing gear enabled taking off from the unprepared grounds, and it also tolerated pilot errors during rough landings.

Skrzydło górne o rozpiętości 12,7 m i cięciwie 1,85 m jest prostokątną drewnianą konstrukcją z aerodynamicznie ukształtowanymi końcami. Podstawa konstrukcji składa się z dwóch dźwigarów. Ożebrowanie dzielą skrzydło na 48 segmentów. Najmocniejsze żebra znajdują się tam, gdzie przymocowane są rozpórki. Przedni dźwigar jest jednocześnie krawędzią natarcia, natomiast krawędź spływu tworzy wąski przewód. Lotki o szerokości po 13 segmentów na prawej i lewej części górnego płata znajdują się za tylnym dźwigarem.

Dolne skrzydło o rozpiętości 7,5 m i cięciwie 1,6 m jest również prostokątne i podzielone ożebrowaniem na 28 segmentów. Ma taką samą budowę jak górny płat. Skrzydła są połączone 12 drewnianymi rozpórkami sztywno połączonymi z dźwigarami i naprężone drutami cięgnami. W ten sposób uzyskuje się niezbędną sztywność. Obydwa płaty są pokryte impregnowanym materiałem.

Statecznik pionowy jest prostokątny, ma wysokość 1,9 m i szerokość 1 m. Zbudowany jest z jednej części, która jest jednocześnie sterem kierunku. Ster obraca się wokół osi pionowej, która łączy górną i dolną część tylnego fragmentu kadłuba.

Statecznik poziomy o rozpiętości 3 m jest sztywno połączony z górnymi elementami tylnego obelkowania rurowego. Tylna ster wysokości jest do niego przymocowana na zawiasach. Przedni ster wysokości znajduje się przed skrzydłem. Jest prostokątny, o rozpiętości 3,6 m i cięciwie 0,65 m. Jest

Aviator Aleksandar Agofanov leaning on the lower wing in the company of a Serbian officer at Skoplje, December 1912. On the front right strut is a Serbian flag. This photograph was publisher in Russian magazine "Iskre".
Lotnik Aleksander Agafonow oparty o dolne skrzydło w towarzystwie serbskiego oficera w Skoplje, grudzień 1912 roku. Na prawej przedniej rozpórce flaga Serbii. Fotografia ta została opublikowana w rosyjskim magazynie „Iskrie". [AMB]

Duks biplane at Trupalsko polje airfield near Niš. Student M. Vukosavljevic Ćamur is sitting in the airplane. He flew several times as a passenger. On the right in uniform is Stojan Antić, one of first Serbian aviation mechanics. Dwupłat Duks na lotnisku Trupalsko Polje w pobliżu Niszu. W maszynie siedzi student M. Vukosavljevic Ćamur. Latał nim kilka razy jako pasażer. Po prawej w mundurze widoczny jest Stojan Antić, jeden z pierwszych serbskich mechaników lotniczych. [AMB]

The control system of the aircraft is classical and it consists of control column and rudder pedals.

The control column is joint connected to the transverse horizontal axle shaped like a metal pipe. The axle is under the fuselage girder and it has one lever on each end, on each side of the fuselage.

The lever tips are connected to the elevators by cables. The front ones are tied directly and the rear ones (tail) indirectly. Due to the power pack conception with the pusher propeller, the rear elevator cable goes through the slide at the middle strut which connects the rear spars. Moving the control column back and forth causes, via the levers and cables, rotation of the front and rear elevator at the same time, which enables changing the aircraft altitude.

The sides of the control column are connected to ailerons on the upper wing by cables, via the pulley which is at the bottom of rearmost struts of the front spar. Moving the control column left - right, via the cables, enables alternate aileron motions up or down .In this way, the aircraft has longitudinal control.

The rudder pedals are made of wood and they are joint connected to the fuselage construction. They are indirectly connected to the rudder and the tail surface by cables. Moving rudder pedals were transferred via cables to the rudder. In that way, their left or right motion is caused which enables the aircraft to change direction.

The aircraft didn't have a cockpit. Two sheet seats with wooden barriers were set at the bae of the fuselage, above the lower wing. The aircraft could be controlled only from the front seat. The control column and the rudder pedal were in front of it. The engine throttle lever and the starter were located on the left of the front seat, and the oil pulsation gauge on the right. The aircraft had no instruments, so the pilot was forced to fly by feel.

At the time when Serbia purchased the Duks biplane, it had already been outdated for military use. Just as the commission in Skoplje correctly concluded, it could only be used for initial training and training flights.

on połączony wzdłuż osi obrotu drewnianą osią z obelkowaniem rurowym przedniej części kadłuba.

Stateczniki poziomy i pionowy, a także przedni ster wysokości są konstrukcjami drewnianymi, pokrytymi impregnowaną tkaniną. Są wzmocnione drutem stalowym z usztywnieniami.

Podwozie główne jest rozwiązaniem Farmana. Składa się z dwóch nart, które są sztywno połączone z przednim i tylnym dźwigarem dolnego płata. Każda z nart. ma dwa koła umieszczone na ośce. Wokół ośki nawinięta jest gumowa linka, a narta wiąże je elastycznie pełniąc rolę amortyzatora. Cały system został dodatkowo wzmocniony stalowym drutem. Drewniana płoza ogonowa znajduje się z tyłu samolotu, pod tylnym statecznikiem poziomym. Pośrodku jest połączona z oramowaniem kadłuba, a z przodu gumowym przewodem połączona jest do stalowych cięgien statecznika. Tak zaprojektowane podwozie umożliwiało start z nieprzygotowanego terenu, a także wybaczało błędy pilotażu podczas trudnych lądowań.

Układ sterowania samolotu jest klasyczny i składa się z drążka oraz orczyka steru kierunku.

Drążek połączony jest z poprzeczną poziomą osią w kształcie metalowej rurki. Oś znajduje się pod podłużnicą kadłuba i ma jedną dźwignię na każdym końcu, z każdej strony kadłuba.

Końcówki dźwigni są połączone przewodami ze sterami wysokości. Przednie są powiązane bezpośrednio, a tylne (ogon) pośrednio. Ze względu na zastosowanie rozwiązanie polegającego na śmigle pchającym, przewód prowadzący do tylnego stery kierunku przechodzi przez prowadnicę na środkowej rozpórce, która łączy tylne dźwigary. Przesuwanie drążka do przodu i do tyłu powoduje jednocześnie, za pośrednictwem dźwigni i przewodów, obrót przedniego i tylnego steru wysokości w tym samym czasie, co umożliwia zmianę pułapu lotu maszyny.

Drążek z obydwu stron jest połączony przewodami z lotkami górnego płata za pośrednictwem bloku, który znajduje się u dołu najbardziej wysuniętych do tyłu rozpórek przedniego dźwigara. Przesunięcie kolumny sterującej w lewo - w prawo, za pomocą przewodów umożliwia naprzemienne ruchy lotek w górę lub w dół. W ten sposób uzyskuje się kontrolę na osi wzdłużnej.

Orczyk jest wykonany z drewna i połączony z konstrukcją kadłuba. Jest pośrednio połączony za pomocą przewodów ze sterem kierunku. W ten sposób następuje ich ruch w lewo lub w prawo, co umożliwia zmianę kierunku lotu.

Samolot nie ma kokpitu jako takiego. Dwa oblecone płótnem drewniane siedziska umieszczono bezpośrednio na podstawie kadłuba, nad dolnym skrzydłem. Samolotem można sterować tylko z przedniego siedziska. Drążek i orczyk znajdują się przed nim. Dźwignia przepustnicy silnika i rozrusznik znajdowały się po lewej stronie przedniego siedziska, a wskaźnik ciśnienia oleju po prawej. Samolot nie miał żadnych instrumentów pokładowych, więc pilot musiał latać na wyczucie.

W momencie, gdy Serbia zakupiła dwupłat Duks, był on już przestarzały z punktu widzenia zastosowań wojskowych. Tak jak słusznie stwierdziła komisja po pokazach w Skoplje, można go było wykorzystać jedynie do lotów szkoleniowych.

Bibliography

Дузь П.Д., История воздухоплавания и авиации в России, *Период до 1914.г*, Машиностроение, Москва, 1981.

Шавров В.Б., История конструкций самолетов в СССР до 1938г, Машиностроение, Москва, 1986.

Сизов В.И., Банникова Н.Ф. История авиационной и космической техники России - Первый период 1881-1918 г. Москва, 2011.

Соболев Д.А., История отечественной авиапромышленности, серийное самолетостроение 1910-2010 гг., Русавиа, Москва, 2011.

Демин А., *Авиация — национальная гордость России*, Авиация и космонавтика, Москва, 2005.

Рубец А.Д., *История автомобильного транспорта в России*, ЭКСМО, Москва, 2008

Циглић Б., Крила Србије, Infinites, Београд, 2009.

ЛЕТ, бр. 2, Музеј ваздухопловства Београд, 2000.

Група аутора, Српска авијатика 1912-1918, MJB, Београд, 1993.

Микић С., Историја југословенског ваздухоповства, Драг. Грегорић, Београд, 1933.

Група аутора, Српска ваздухопловна команда у Пожаревцу 1915. године, ИАП, Пожаревац, 2005.

Каленић, бр.3, Српска православна епархија шумадијска, Крагујевац, 2000.

Браничево кроз војну и културну историју Србије, свеска 4, ИАП, Пожаревац, 2007.

Искры, N°1, Москва, 1913.

Московския въдомости, Москва, 03. 08.1911.

Московская газета, Москва, 11.09.1911.

Новое время, Санкт Петербург, 28.10.1911.

Рычь, Санкт Петербург, 12.11.1911.

Политика, Београд, 12.1912-03.1913.

Мали журнал, Београд, 01. 1913.

Вардар, Београд, 1912-1913.

Новости, Београд, 1912-1913.

Вестник ваздухоплованія, N°23, Санкт Петербург, 1913.

Трудовая копъйка, Москва, 03.03.1913.

Ваздухоплователь N° 17, Санкт Петербург, 1913.

L'Aerophile, Paris, 15.06. 1913.

Flight, London, 04. 01. 1913.

Vue au grand air, No 748, Paris,18.01.1913.

SPECIFICATIONS/DANE TECHNICZNE	
General data/ Informacje ogólne	
Designer/ Projektant:	-
Origin/ Kraj pochodzenia:	Russian/Rosja
Type/ Przeznaczenie:	training, reconnaissance/ szkolenie, rozpoznanie
Crew/ Załoga:	2
Production since/ Rozpoczęcie produkcji:	1911.
Built/ Wyprodukowano: – 1	
Engine/Silnik	
Gnome Gamma	
Engine's origin/ Kraj pochodzenia:	French/Francja
Production since/ Rozpoczęcie produkcji:	1910.
Engine power/Moc:	70 KS (52 kW)
Engine speed/Obroty:	1200 rpm
Fuel consumption/Zużycie paliwa:	30 l/h
Oil consumption/Zużycie oleju:	6 l/h
Dimensions and weights/Wymiary i masa	
Length/Długość:	9,00 m
Upper wing span/ Rozpiętość płata górnego:	12,70 m
Lower wing span/ Rozpiętość płata dolnego:	7,50 m
Wing surface/ Powierzchnia płatów:	32,5 m²
Height/ Wysokość:	3,10 m
Wheel base/ Rozstaw kół podwozia:	3,00 m
Weights empty/ Masa pustego samolotu:	345 kg
Maximum weight/ Masa maksymalna:	600 kg
Performance/Osiągi	
Minimum speed/ Prędkość minimalna:	65 km/h
Maximum speed/ Prędkość maksymalna:	86 km/h
Service ceiling/ Pułap:	– m
Rate of climb/ Wznoszenie:	
up to/do 500 m	10 min
up to/do 1000 m	– min
up to/do 2000 m-	– min
Range/Zasięg:	– km
Flight time/Czas lotu:	– h

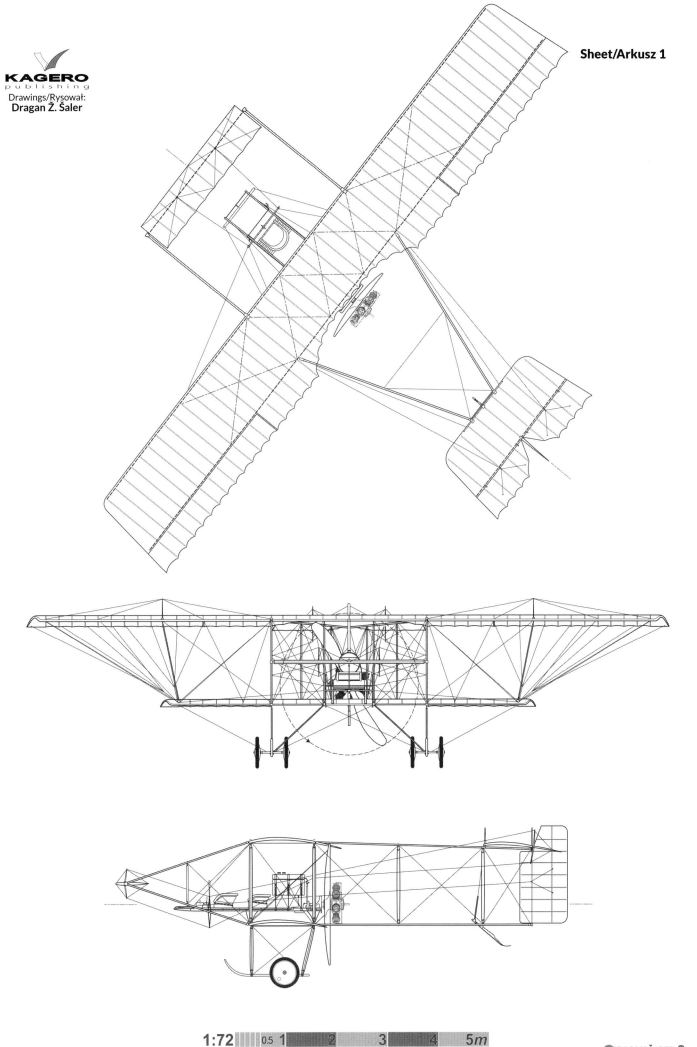

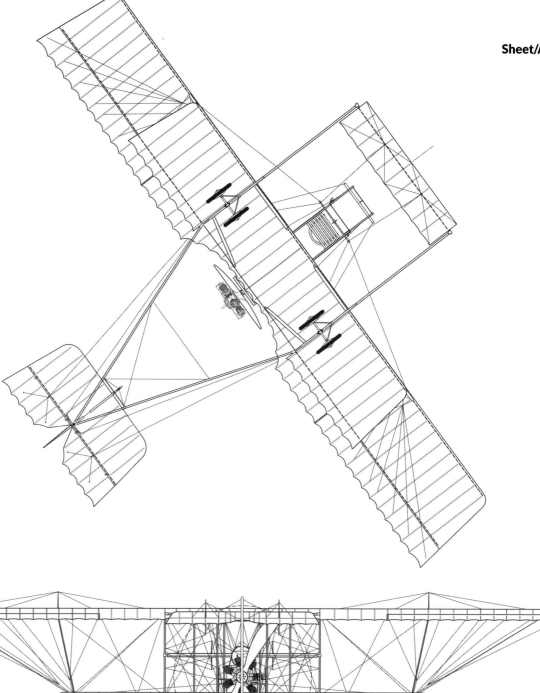
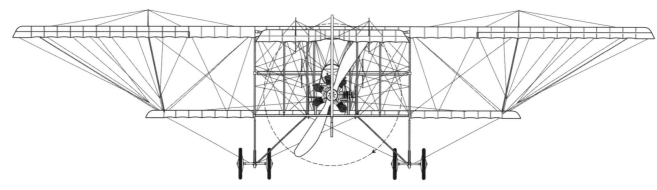
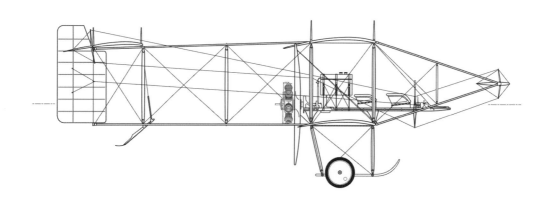

Sheet/Arkusz 2

KAGERO publishing
Drawings/Rysował: Dragan Ž. Šaler

1:72 0.5 1 2 3 4 5m

©DRAGAN ŠALER
schaler@ptt.rs © 2019

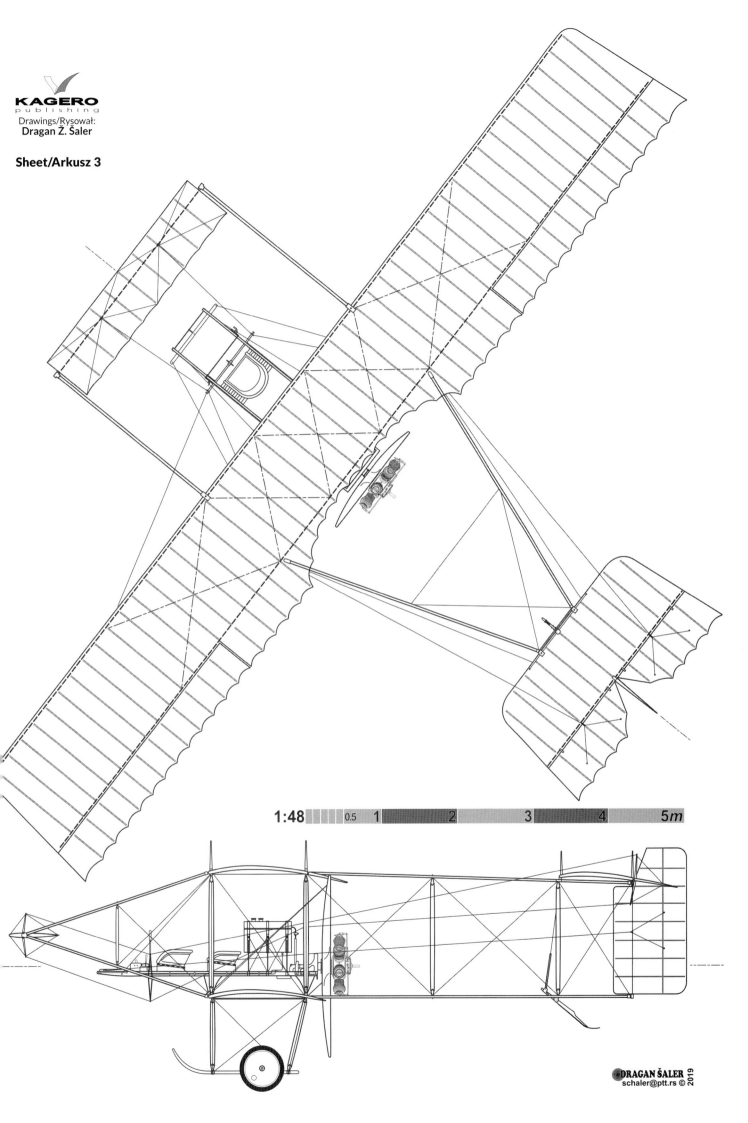

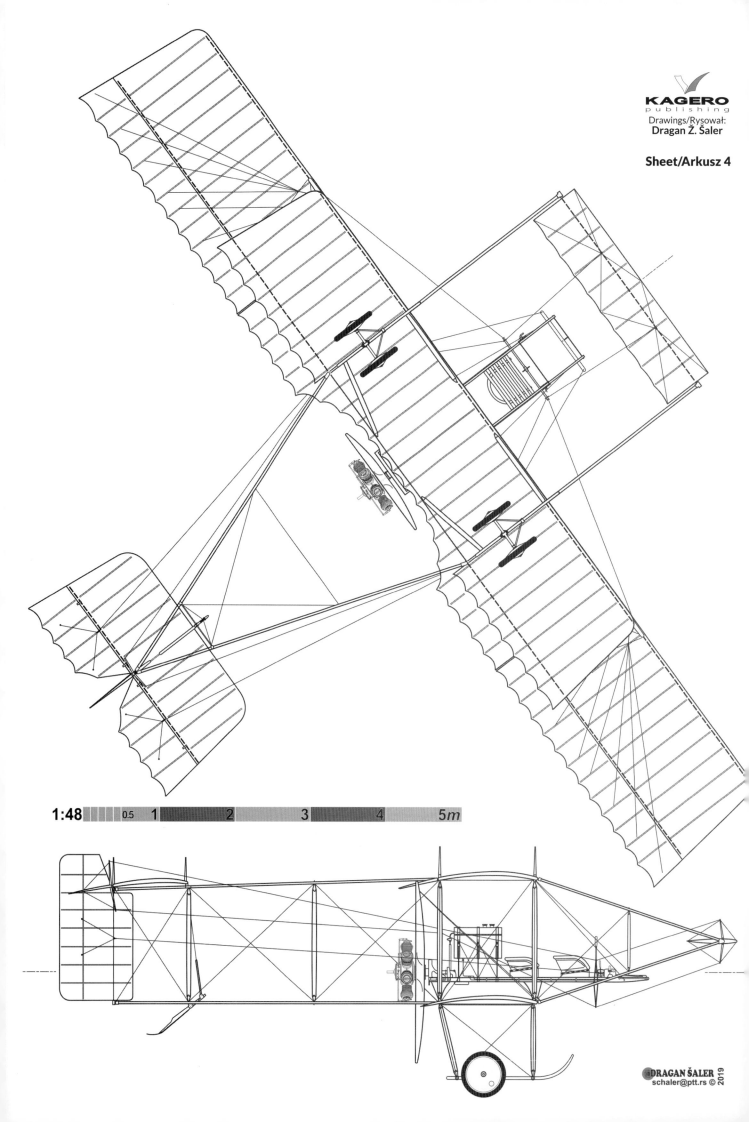

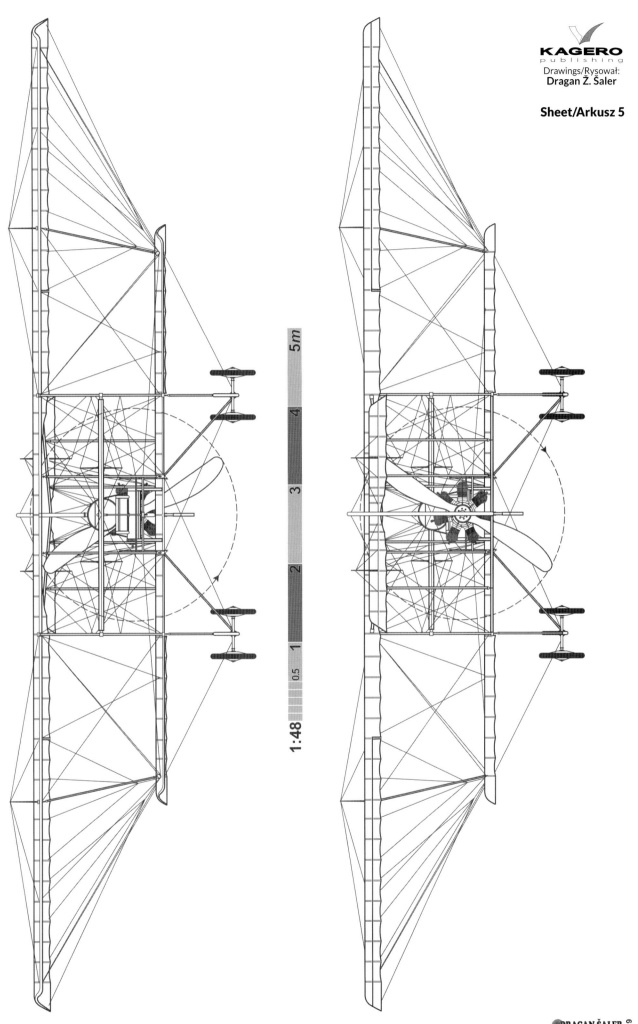

Adam Haber-Włyński – Polish test pilot, famous aerobatic pilot, instructor, participant of many air shows and competitions. He worked as a test pilot for Dux Aircraft Factory. After regaining the independence by Poland, he came back to homeland where he performed various functions connected with aviation. He started working for the first Polish aircraft factory Plage & Laśkiewicz in Lublin. On 21st of July, 1921, during the test flight of the first fighter produced in Poland (on Italian license) – Ansaldo A.1 Balilla – he crashed and died at the scene.

Adam Haber Włyński polski pilot oblatywacz, słynny pilot akrobacyjny, instruktor, uczestnik wielu pokazów i zawodów lotniczych.
Pracował jako oblatywacz w fabryce samolotów Dux. Po odzyskaniu niepodległości przez Polskę wrócił do ojczystego kraju, gdzie pełnił różne funkcje związane z lotnictwem. Podjął współpracę z pierwszą w Polsce wytwórnią samolotów Plage & Laśkiewicz w Lublinie. Podczas oblotu pierwszego samolotu myśliwskiego wyprodukowanego w Polsce na włoskiej licencji Ansaldo A-1 Balilla 21.07.1921 r. doszło do katastrofy, w wyniku której poniósł śmierć. [Collections of Kagero Publishing]

3D visualisation
by Dragan Ž. Šaler

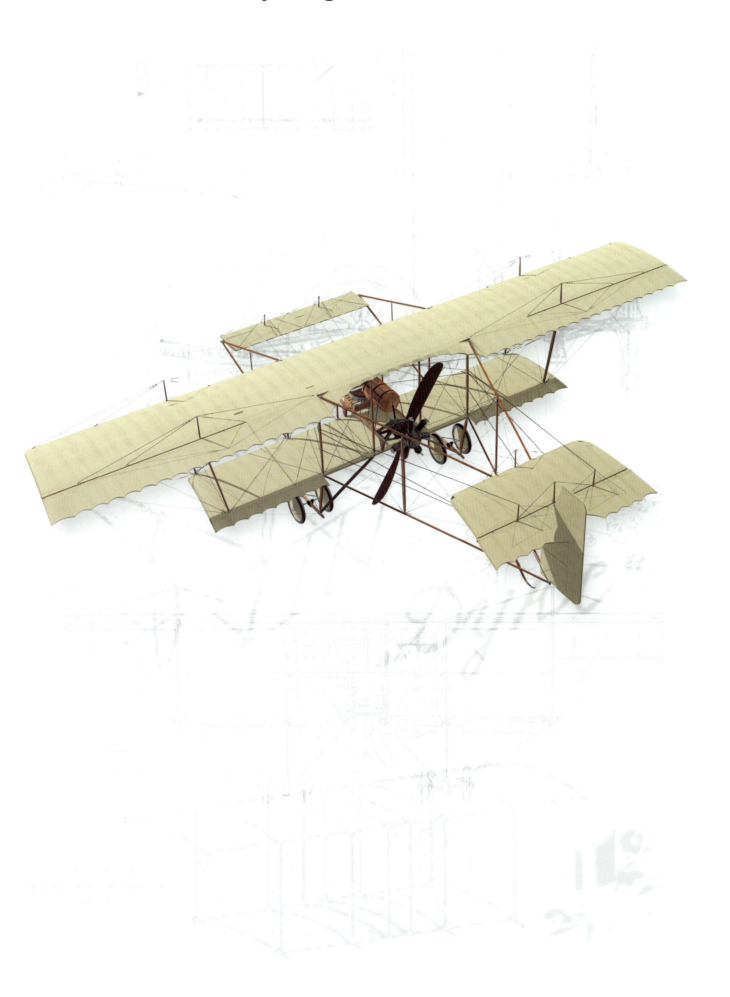

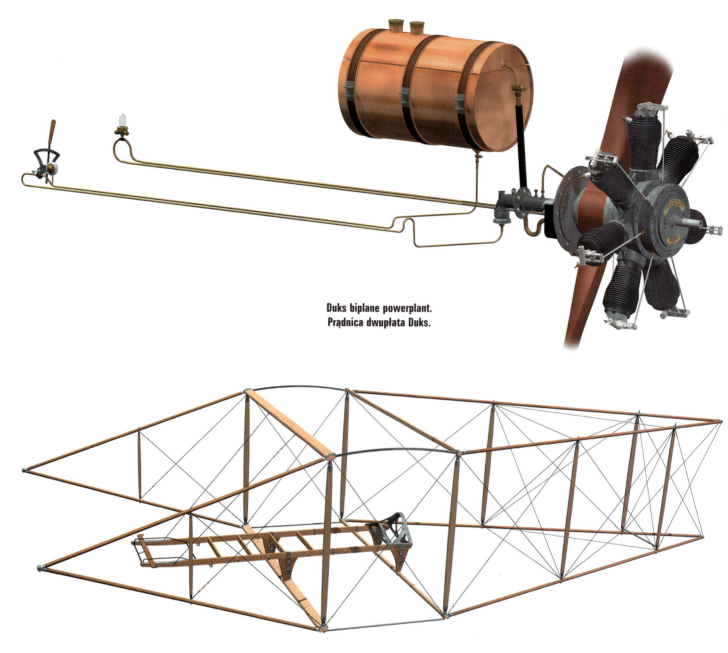

Duks biplane powerplant.
Prądnica dwupłata Duks.

The basic fuselage structure. The central section of the fuselage was attached to the lower wing spars, while its front and rear sections were constructed in the shape of a tubular fame. The entire structure was braced with wires.
Struktura kadłuba. Środkowa część kadłuba została przymocowana do dźwigarów dolnego płata, a przednia i tylna część zostały zbudowane w oparciu o belkowanie rurowe. Cała konstrukcja została usztywniona drutem.

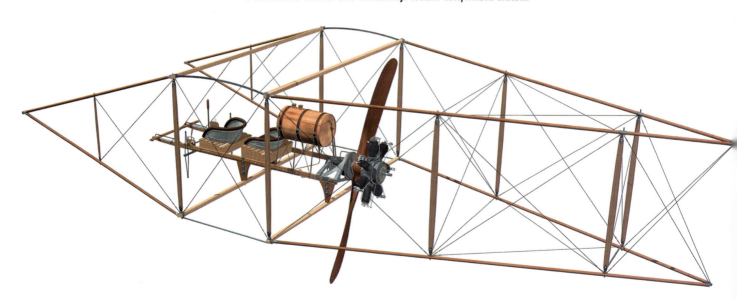

Fuselage with built in power plant, controls and seats.
Kadłub z wbudowaną prądnicą, drążkiem oraz orczykiem i siedziskami.

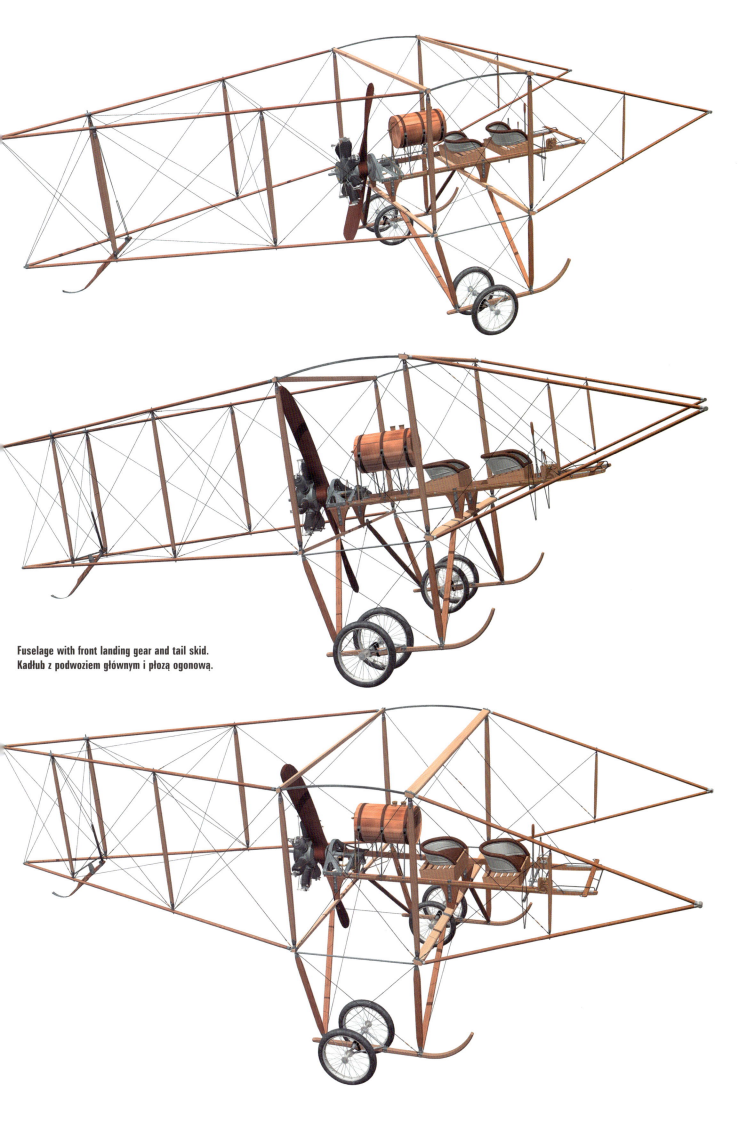

Fuselage with front landing gear and tail skid.
Kadłub z podwoziem głównym i płozą ogonową.

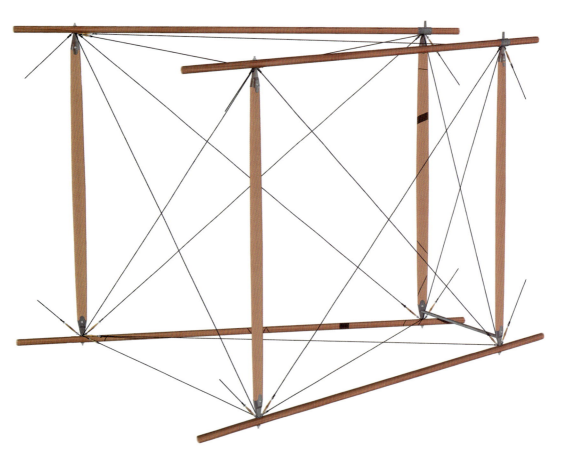

Fuselage structure detail with struts and bracing wire.
Detal konstrukcji kadłuba.

Construction of the upper wing with ribs (airfoil).
Konstrukcja górnego skrzydła z ożebrowaniem.

The construction of lower with ribs (airfoil).
Konstrukcja dolnego skrzydła z ożebrowaniem.

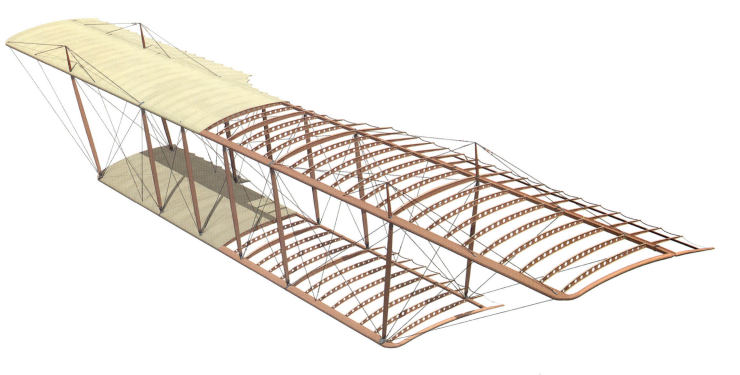

The construction of the upper and lower with wing struts, bracing system and aileron commands.
Płaty górny i dolny z rozpórkami skrzydeł, wzmocnieniami z drutu oraz lotkami.

Inner wing structure detail with wing struts and bracing wire.
Detal wewnętrznej konstrukcji skrzydła z rozpórkami i drutem usztywniającym.

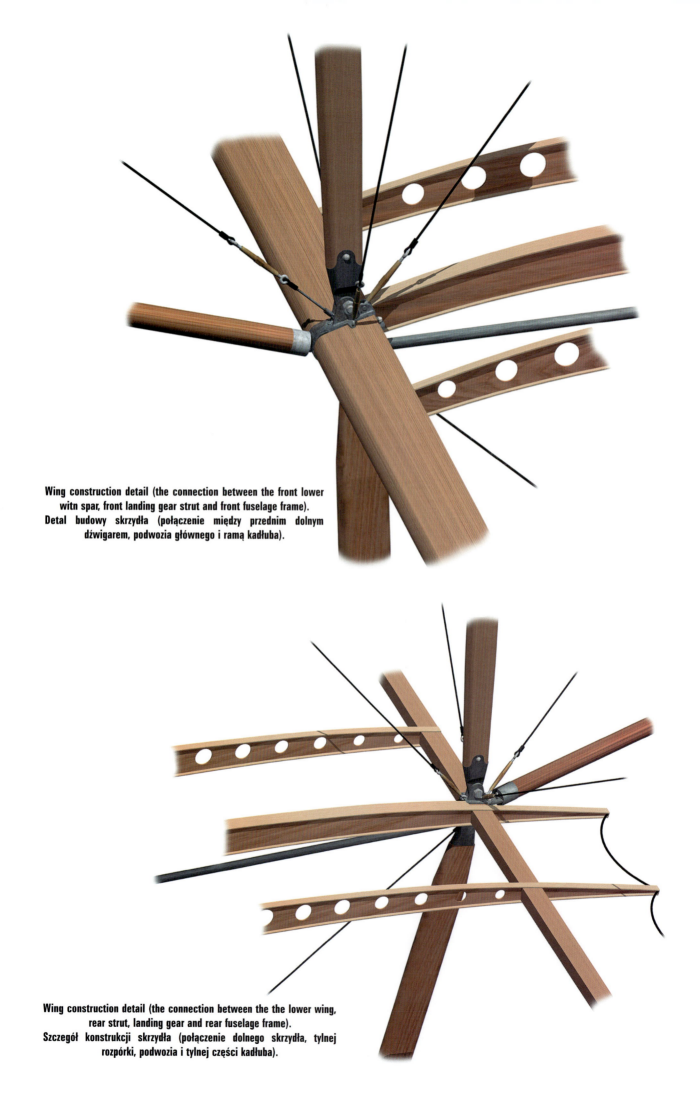

Wing construction detail (the connection between the front lower witn spar, front landing gear strut and front fuselage frame).
Detal budowy skrzydła (połączenie między przednim dolnym dźwigarem, podwozia głównego i ramą kadłuba).

Wing construction detail (the connection between the the lower wing, rear strut, landing gear and rear fuselage frame).
Szczegół konstrukcji skrzydła (połączenie dolnego skrzydła, tylnej rozpórki, podwozia i tylnej części kadłuba).

Wing construction detail (the connection between the lower wing spar and rear fuselage frame).
Detal konstrukcji skrzydła (połączenie między dolnym płatem a tylną ramą kadłuba).

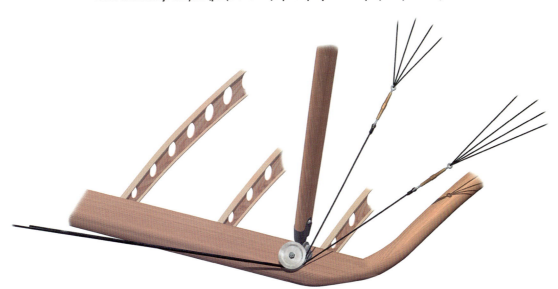

Wing construction detail (Pulley with cable which controlled the ailerons).
Detal konstrukcji skrzydła (prowadnica z przewodem sterującym lotkami).

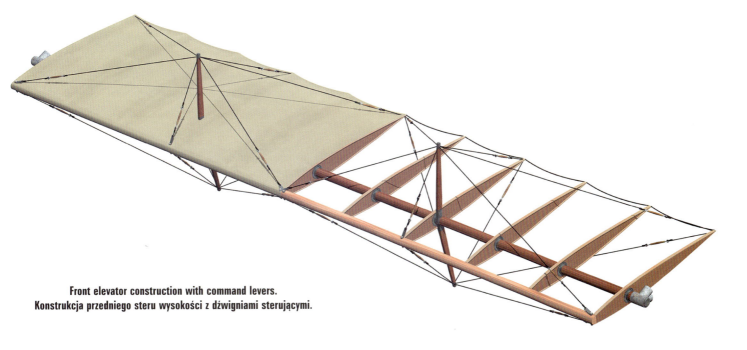

Front elevator construction with command levers.
Konstrukcja przedniego steru wysokości z dźwigniami sterującymi.

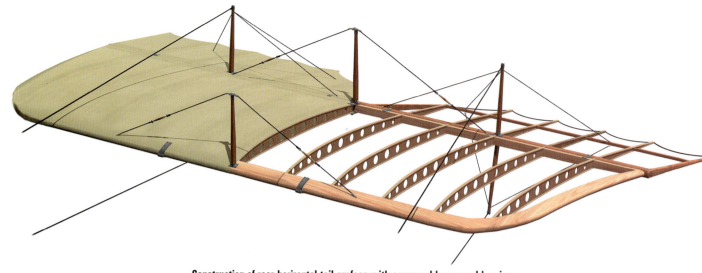

Construction of rear horizontal tail surface with command levers and bracing.
Konstrukcja tylnego statecznika poziomego z dźwigniami sterującymi i wzmocnieniami z drutu.

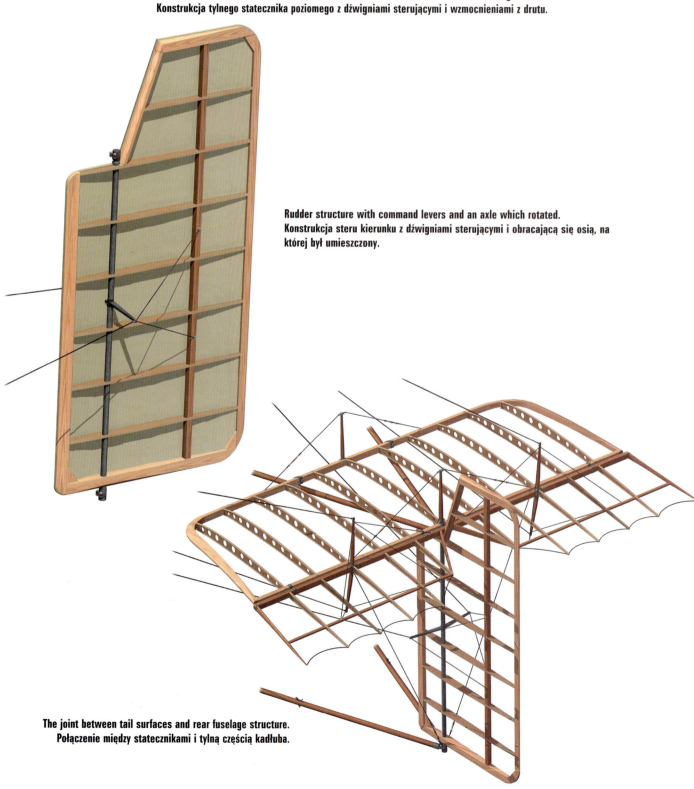

Rudder structure with command levers and an axle which rotated.
Konstrukcja steru kierunku z dźwigniami sterującymi i obracającą się osią, na której był umieszczony.

The joint between tail surfaces and rear fuselage structure.
Połączenie między statecznikami i tylną częścią kadłuba.

Separator frame for upper and lower wings, struts and landing gear
Rama nośna płat górny i dolny, zastrzały i podwozie główne

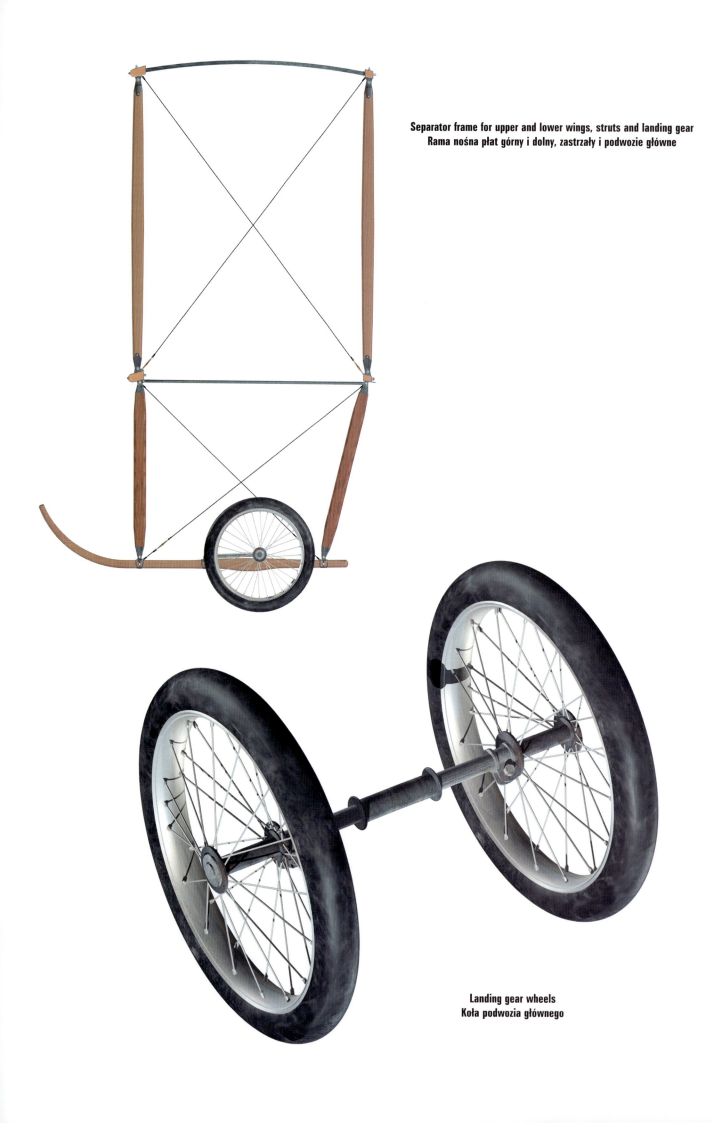

Separator frame for upper and lower wings, struts and landing gear
Rama nośna płat górny i dolny, zastrzały i podwozie główne

Landing gear wheels
Koła podwozia głównego

The construction of the main landing gear with joints between lower wing spar.
Konstrukcja podwozia głównego połączona z dźwigarem dolnego płata.

Main landing gear construction detail with skis, a pair of wheels, levers and shock absorber made from a rubber strip.
Detal konstrukcji podwozia głównego z nartami, parą kół, dźwigniami i amortyzatorem wykonanym z gumowego paska.

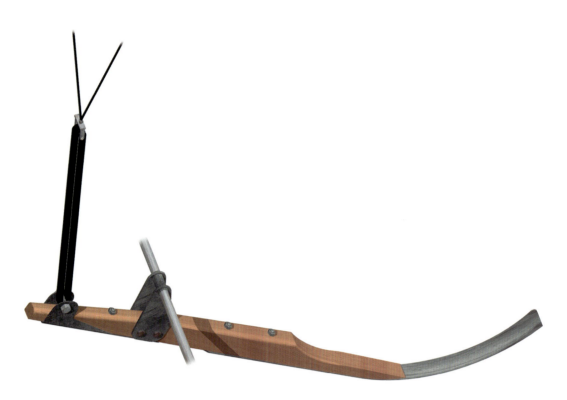

Skid with rubber shock absorber.
Płoza z gumowym amortyzatorem.

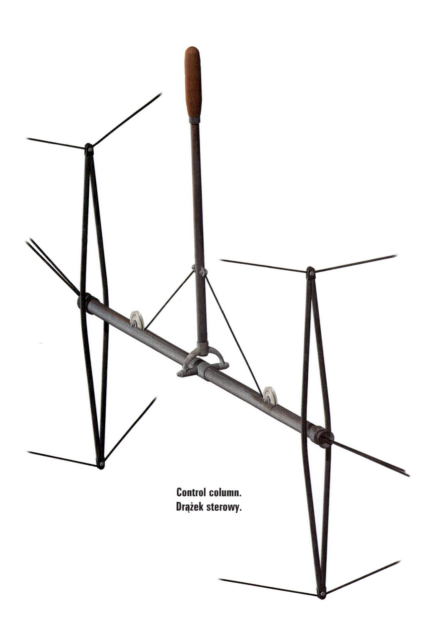

Control column.
Drążek sterowy.

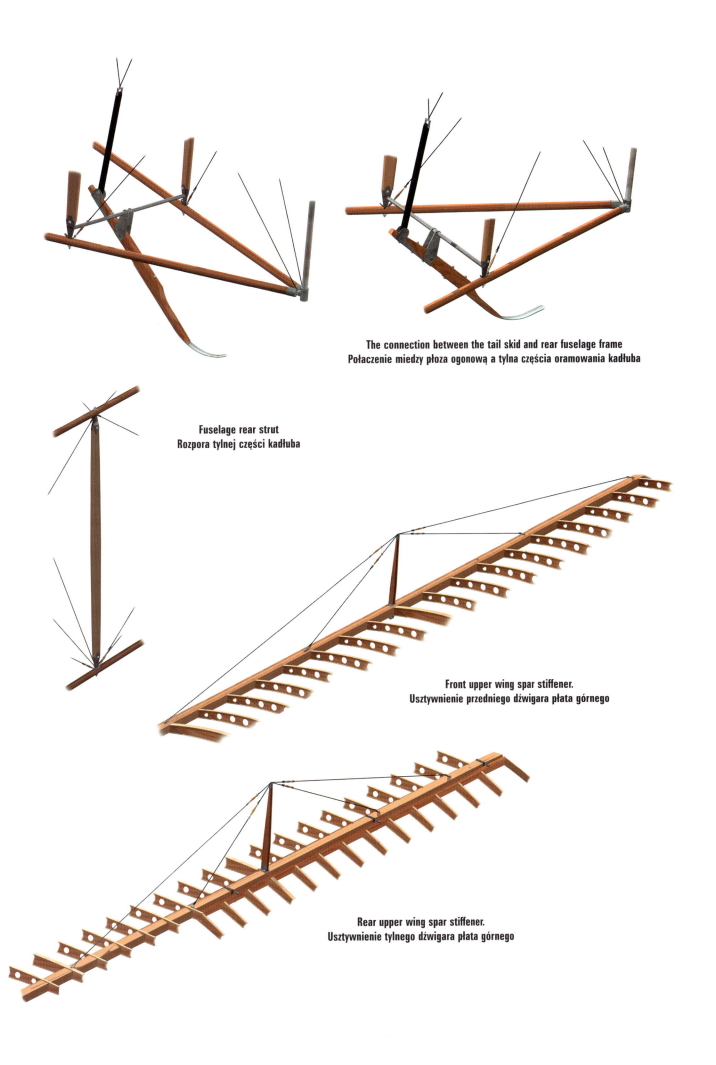

The connection between the tailplane and rear fuselage frame.
Połączenie miedzy statecznikiem poziomym a ogonową częścią oramowania kadłuba

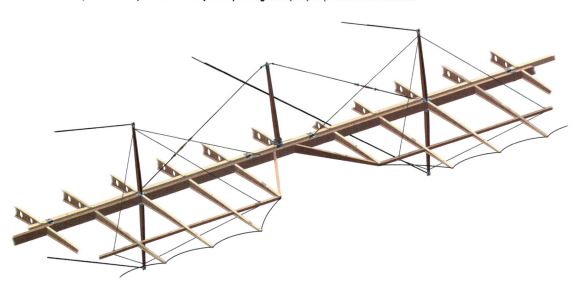

Elevator control levers.
Dźwignie przedniego steru wysokości

Rudder control levers.
Dźwignie ogonowego steru wysokości

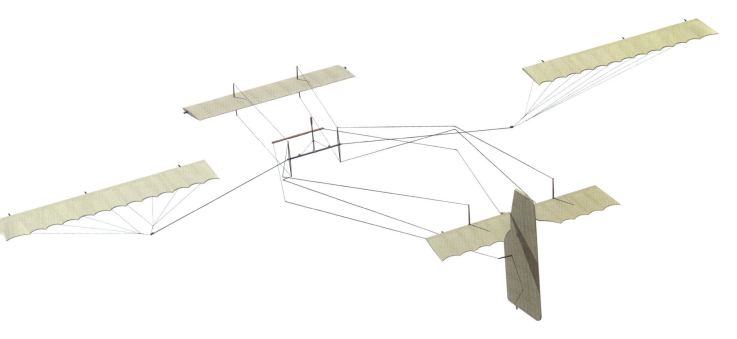

Flight command system with ailerons, rudder and elevators.
System sterowania z lotkami, sterem kierunku i sterami wysokości.

Pilot seat.
Siedzisko pilota.

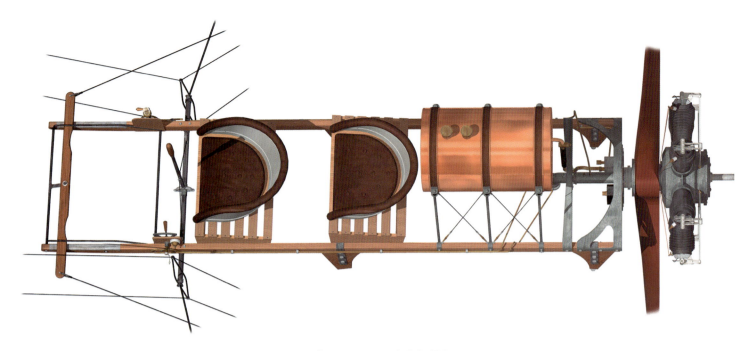

Crew compartment in Duks biplane.
Miejsca załogi dwupłata Duks.

Pilot was provided only with basic equipment, oil flowmeter, starter and engine control lever.
Pilot dysponował tylko podstawowym wyposażeniem - przepływomierzem oleju, rozrusznik i dźwignią przepustnicy.

Fuel and oil tank
Zbiornik paliwa i oleju

Engine mount
Mocowanie silnika

Gnome Omega

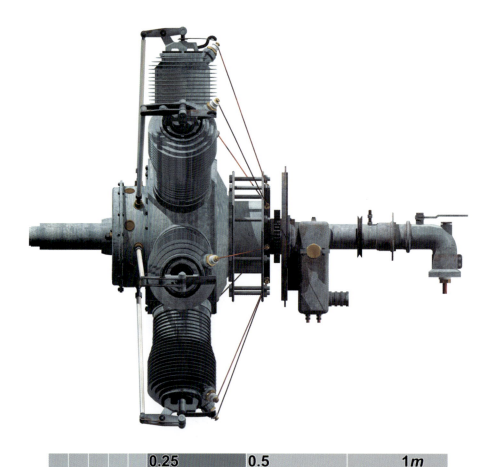

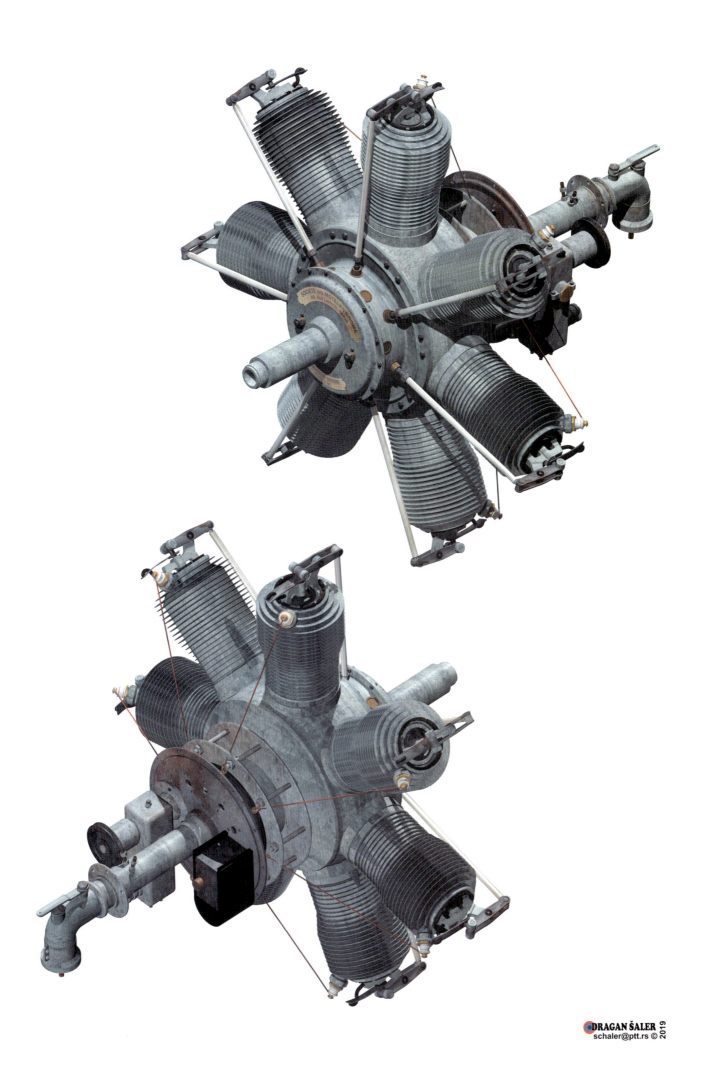

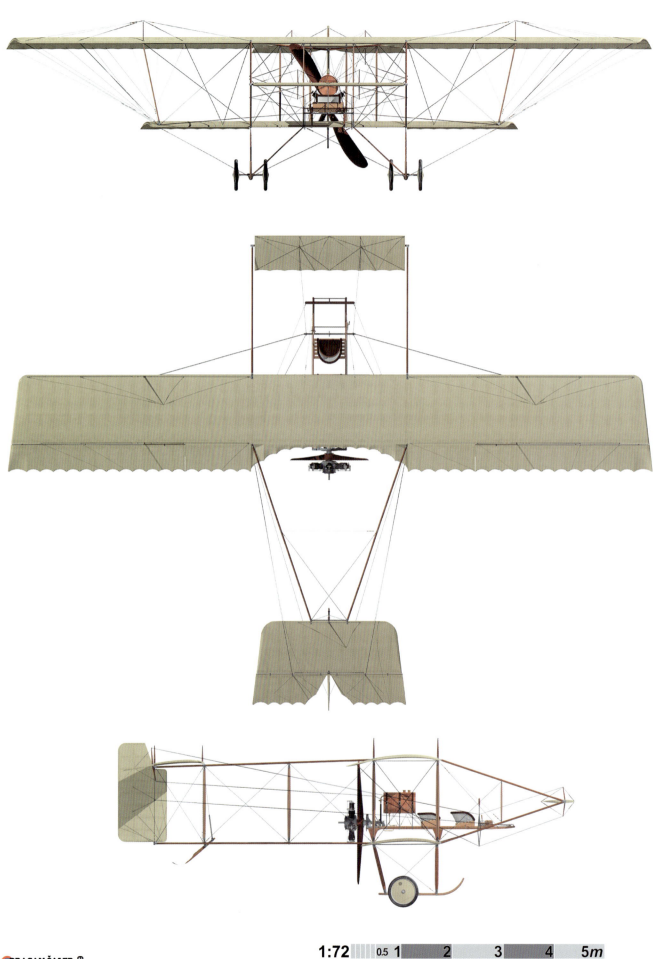

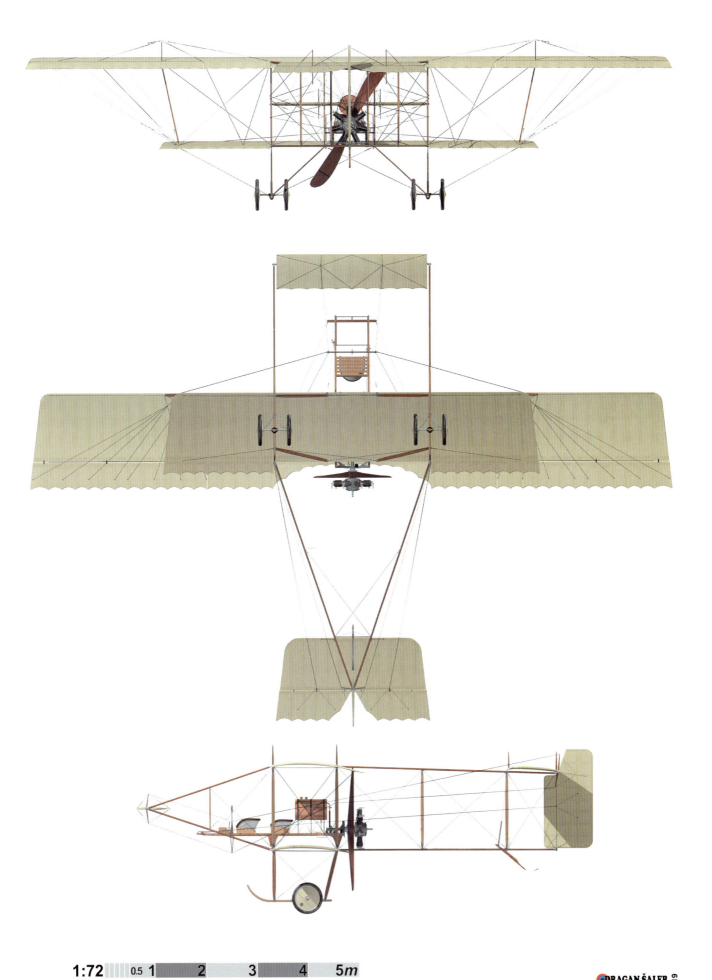

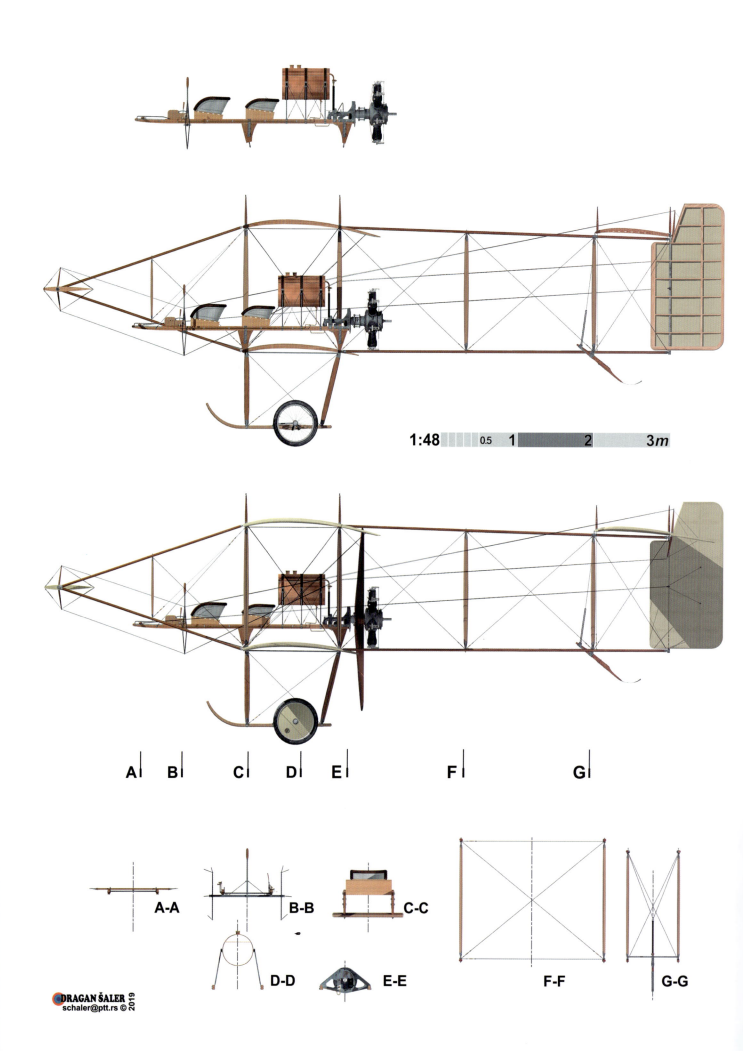

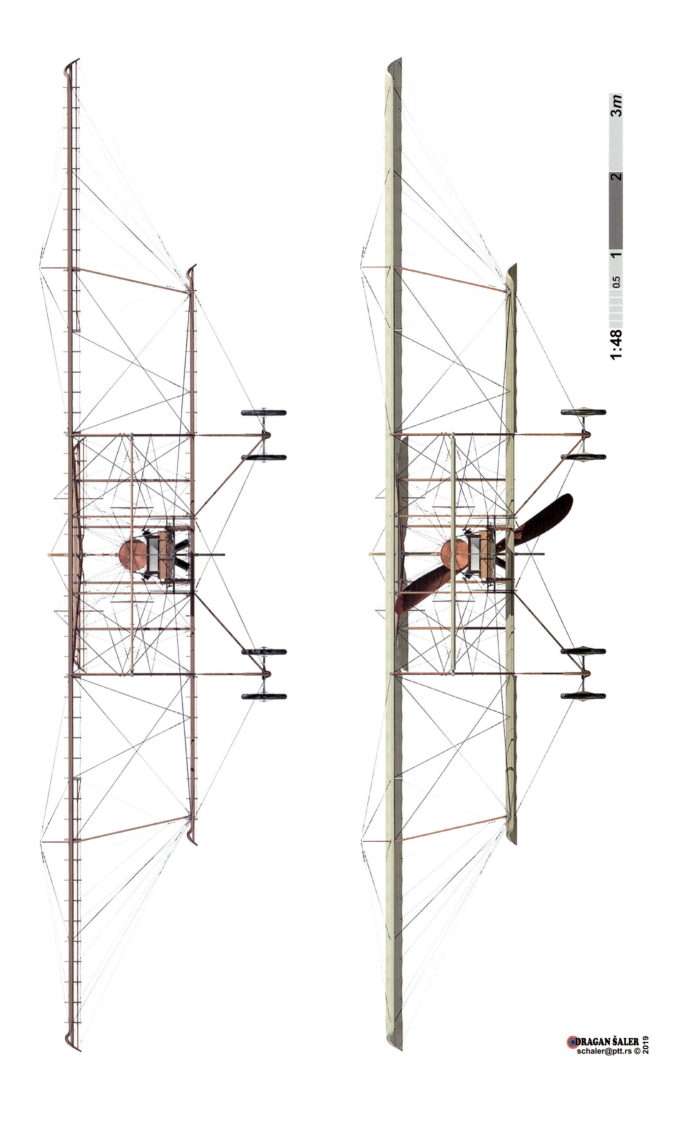

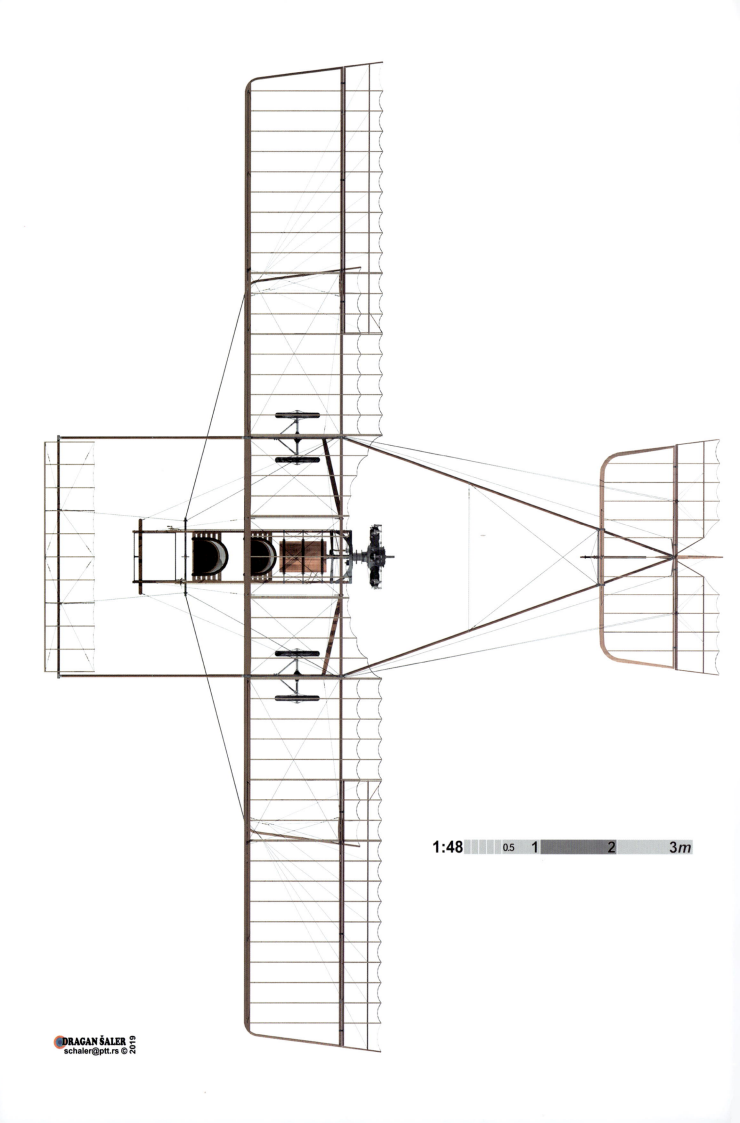

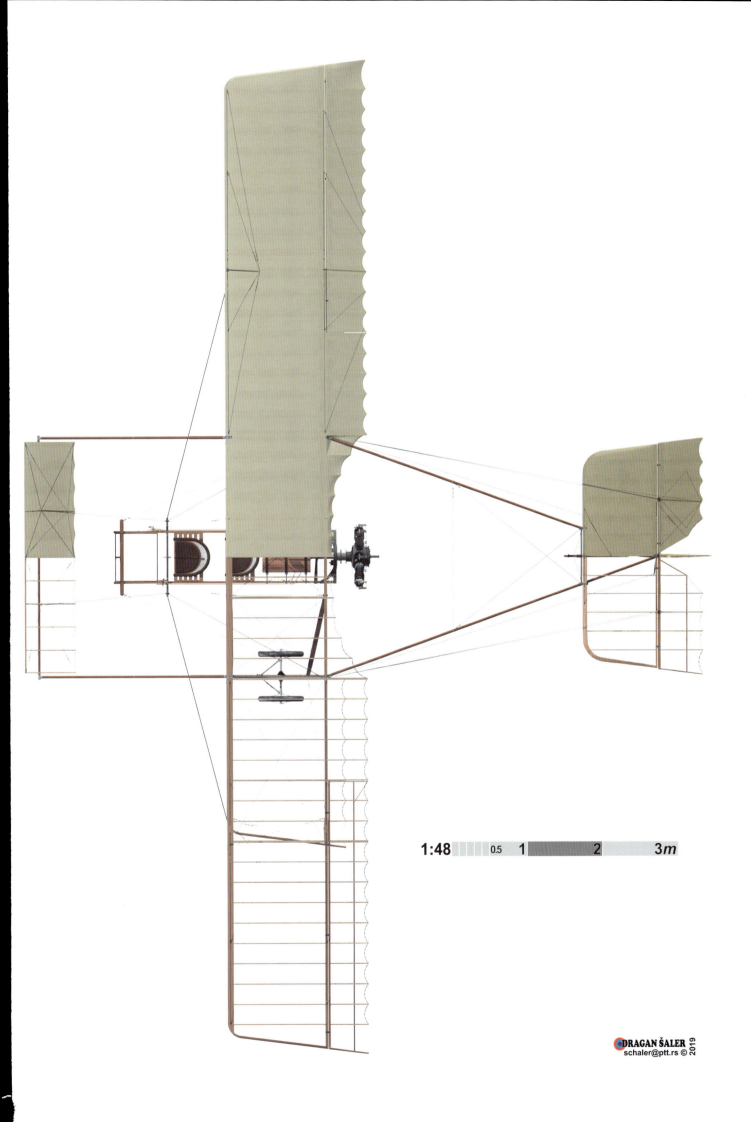

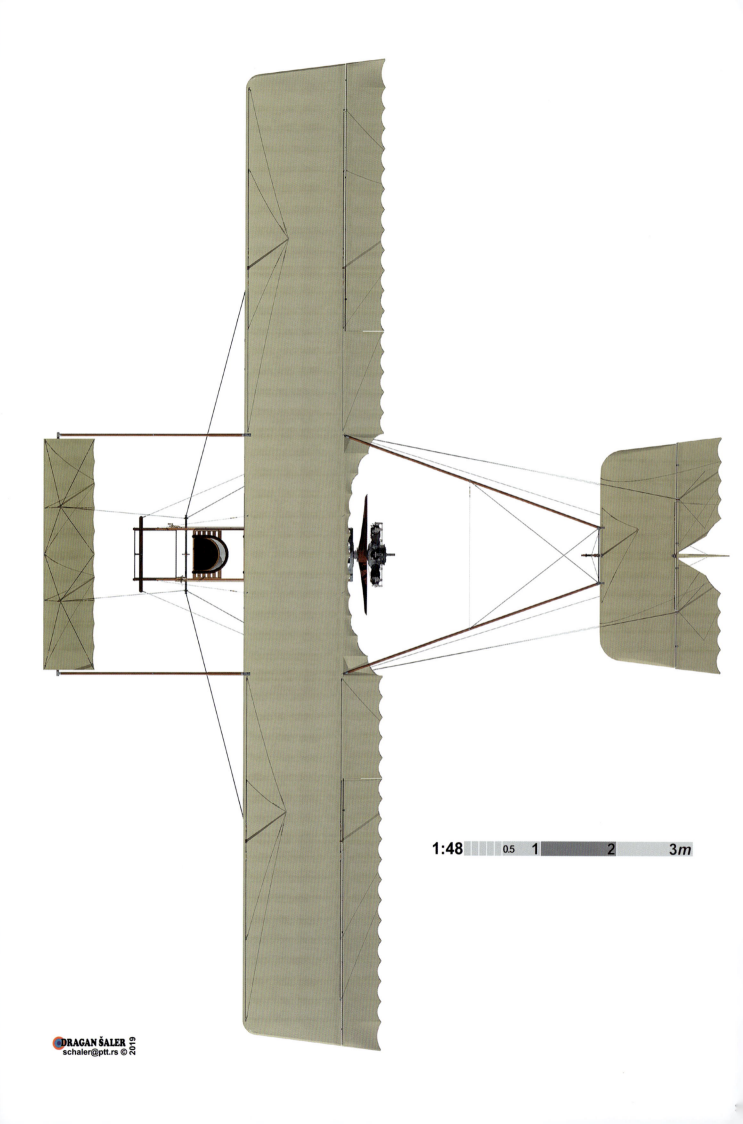

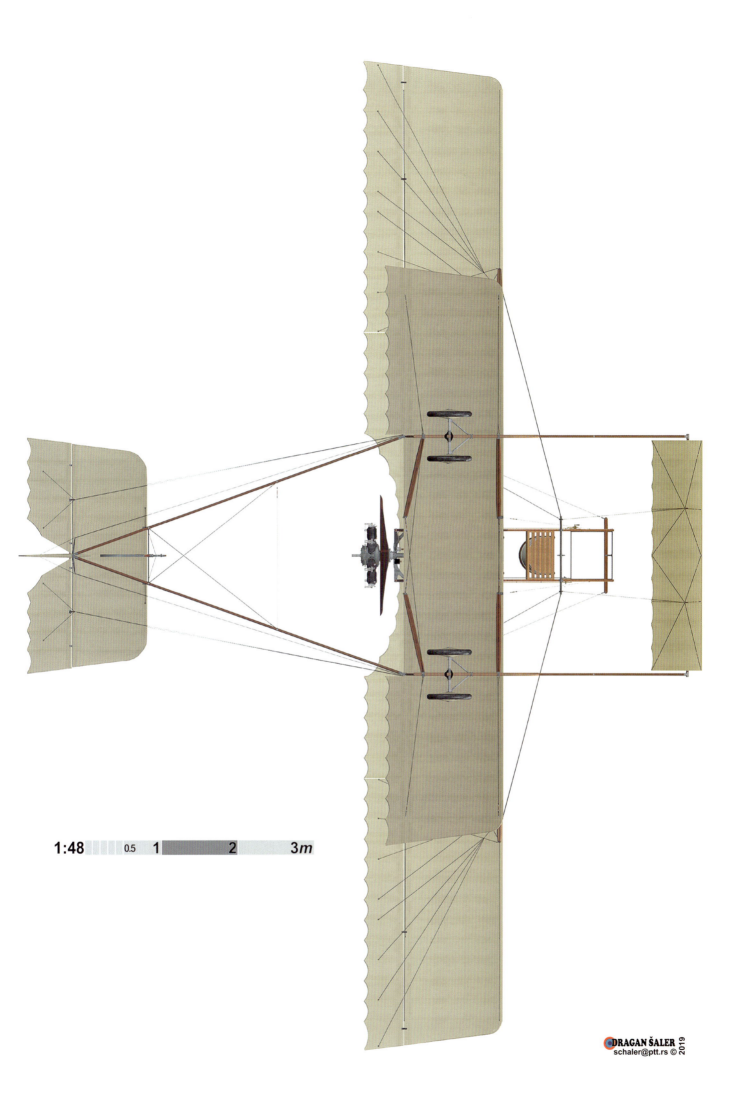

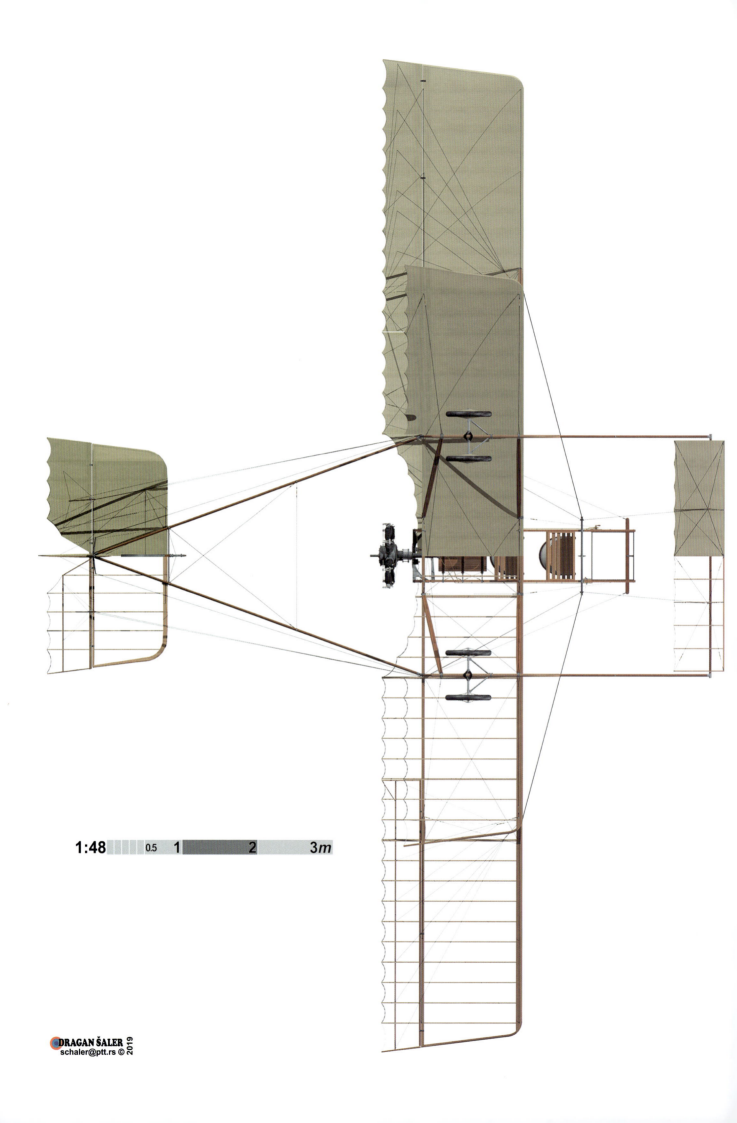

1:48 0.5 1 2 3m

DRAGAN ŠALER
schaler@ptt.rs © 2019

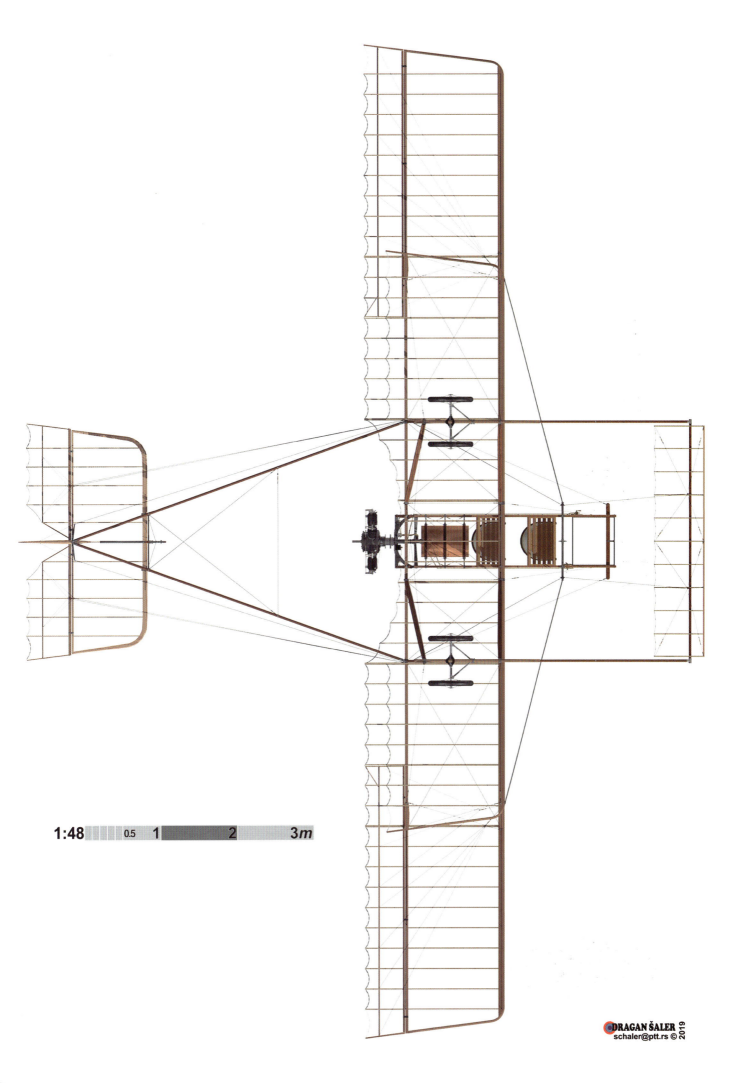

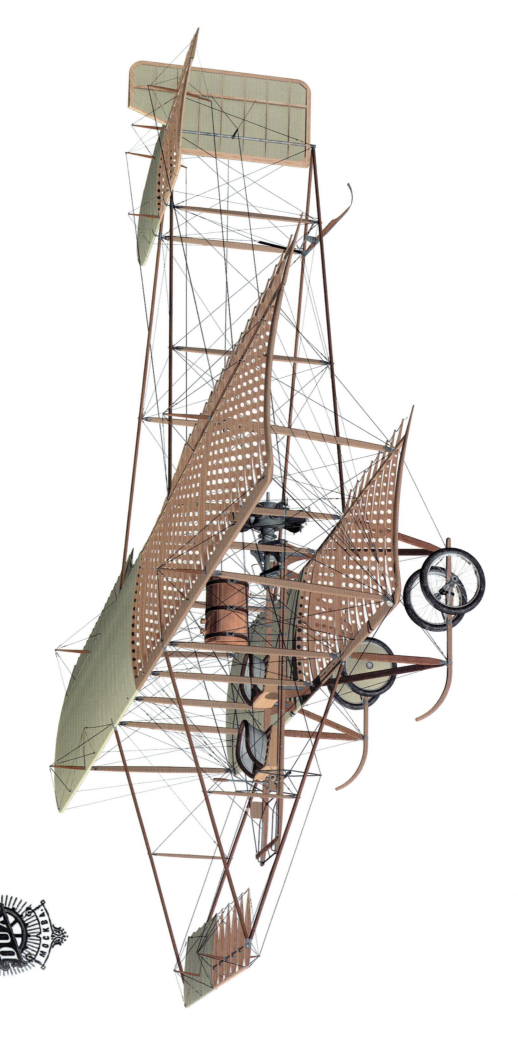

ДУКСЪ биплан
1911

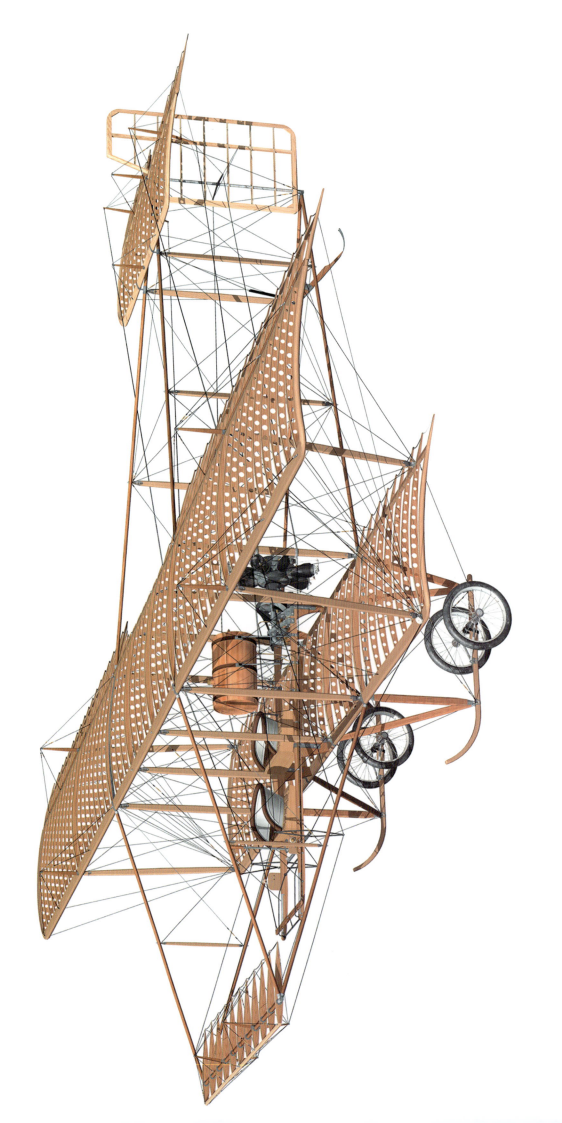

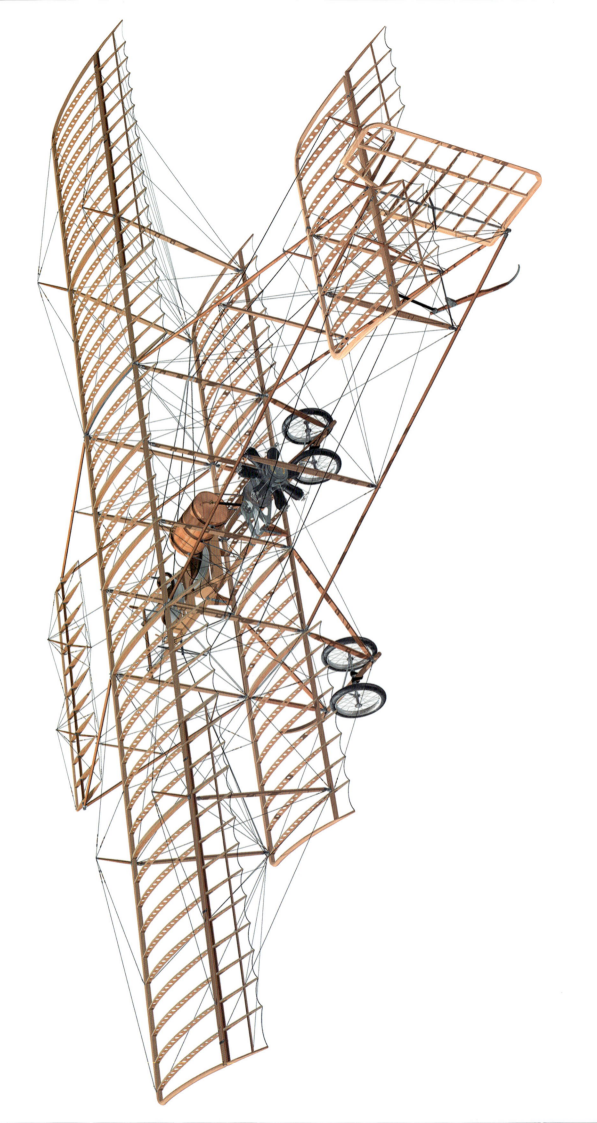

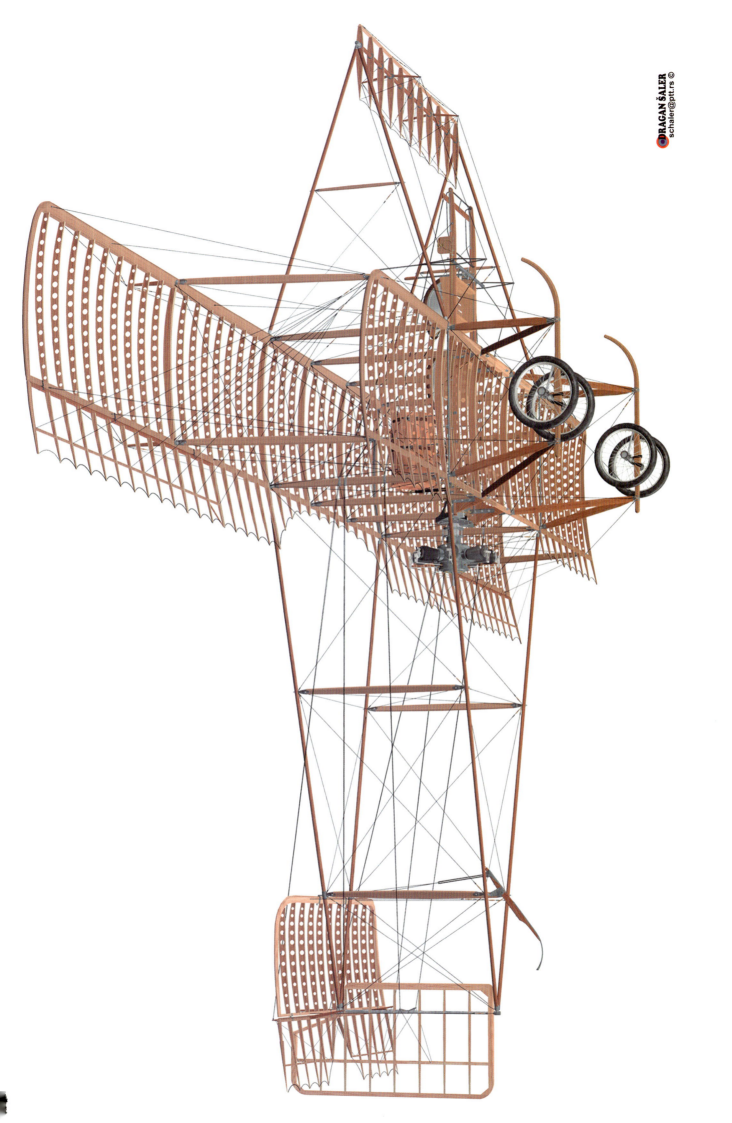

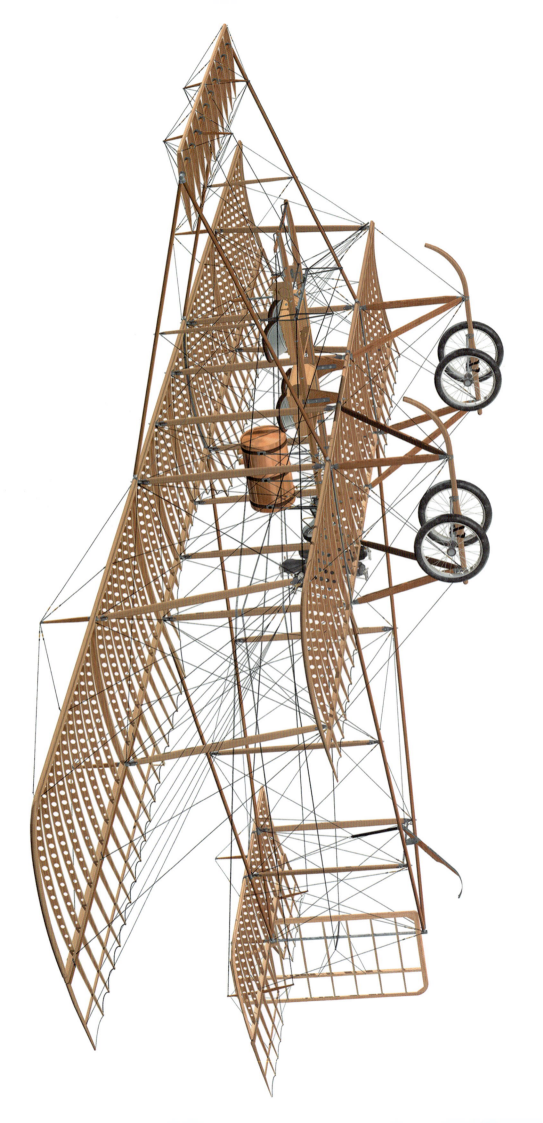

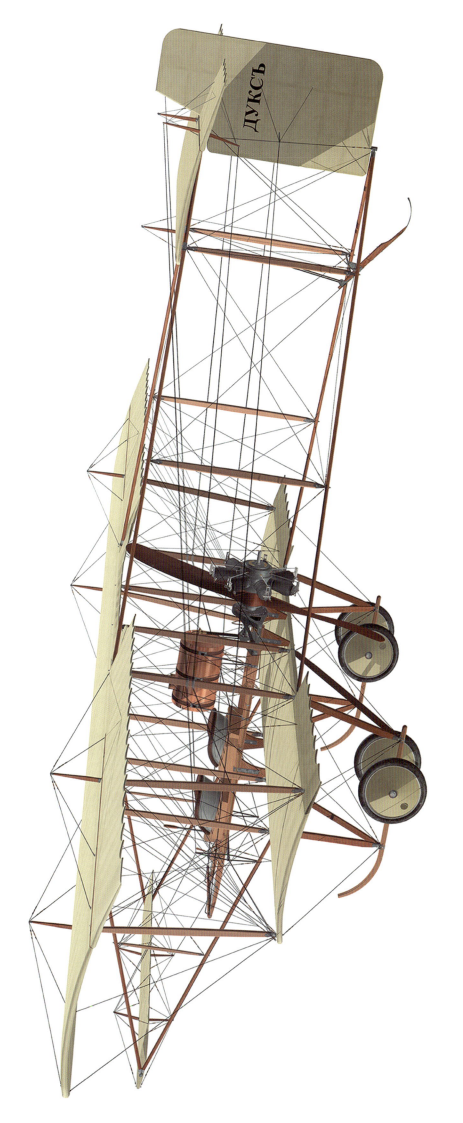

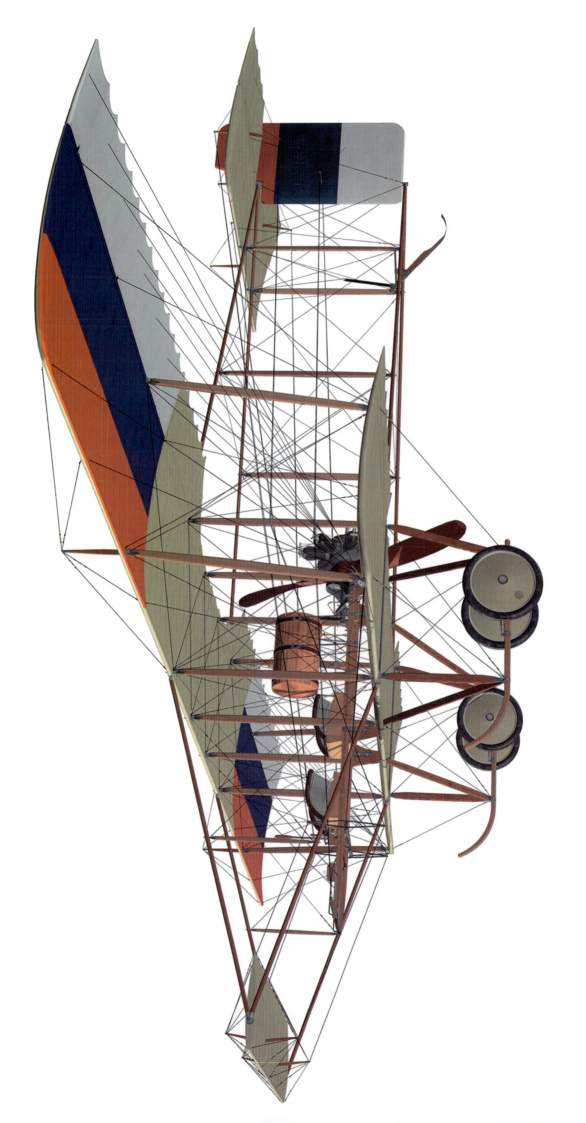

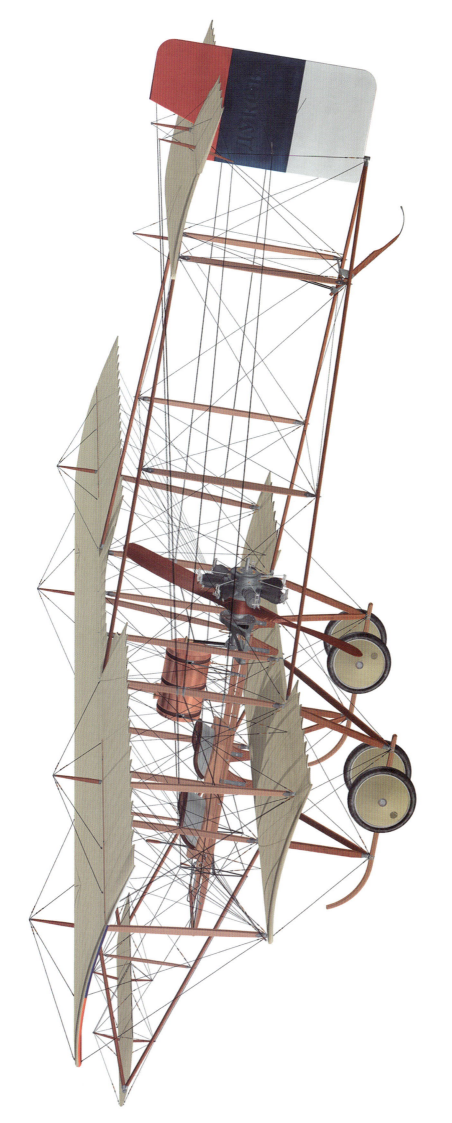

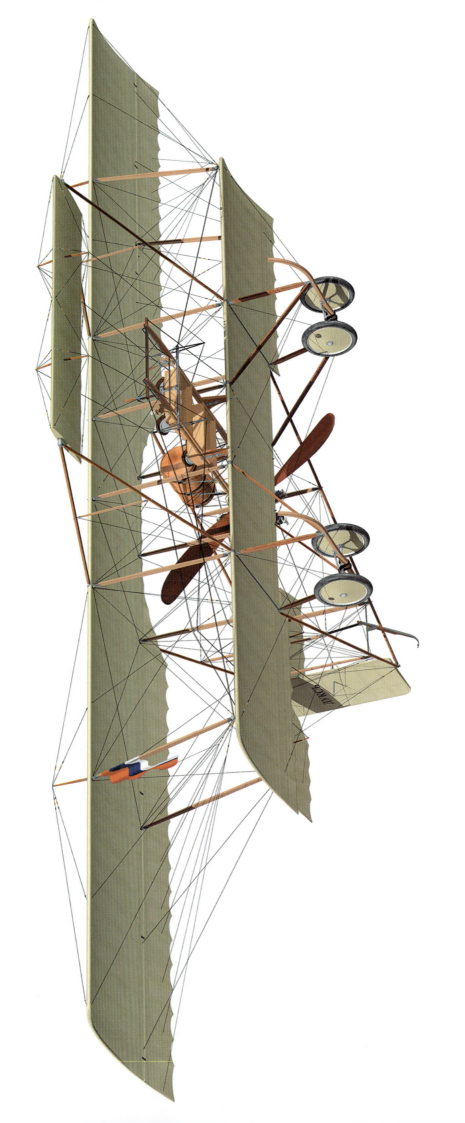

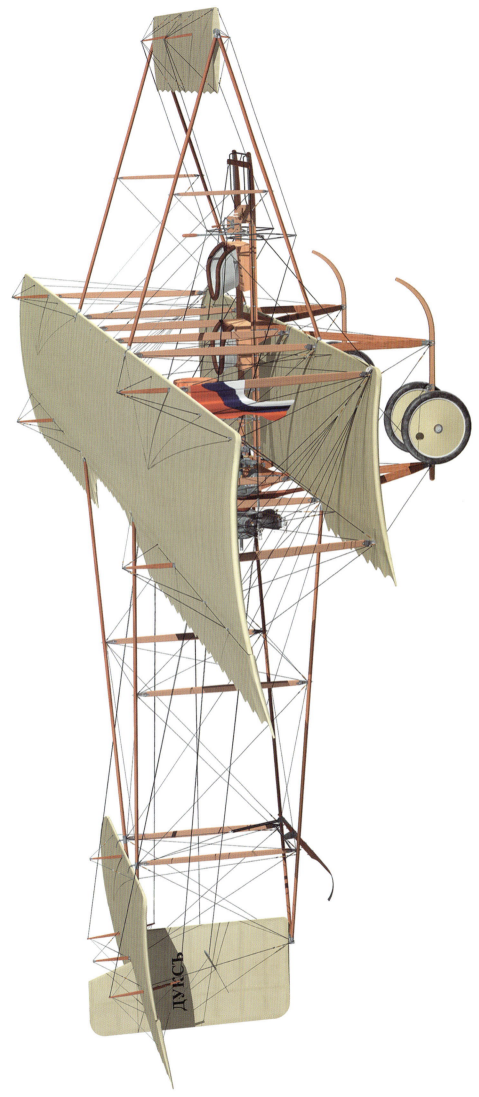

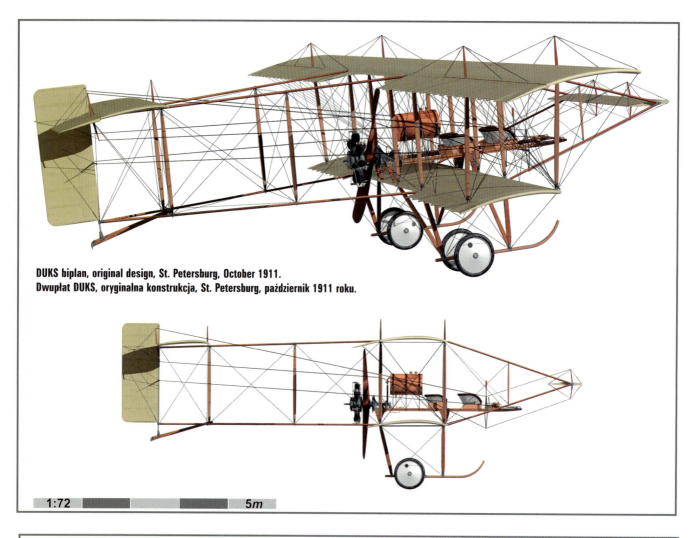

DUKS biplan, original design, St. Petersburg, October 1911.
Dwupłat DUKS, oryginalna konstrukcja, St. Petersburg, październik 1911 roku.

1:72 5m

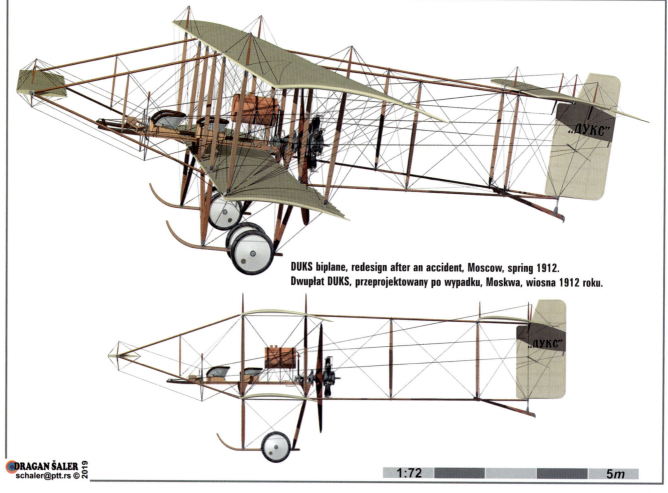

DUKS biplane, redesign after an accident, Moscow, spring 1912.
Dwupłat DUKS, przeprojektowany po wypadku, Moskwa, wiosna 1912 roku.

1:72 5m

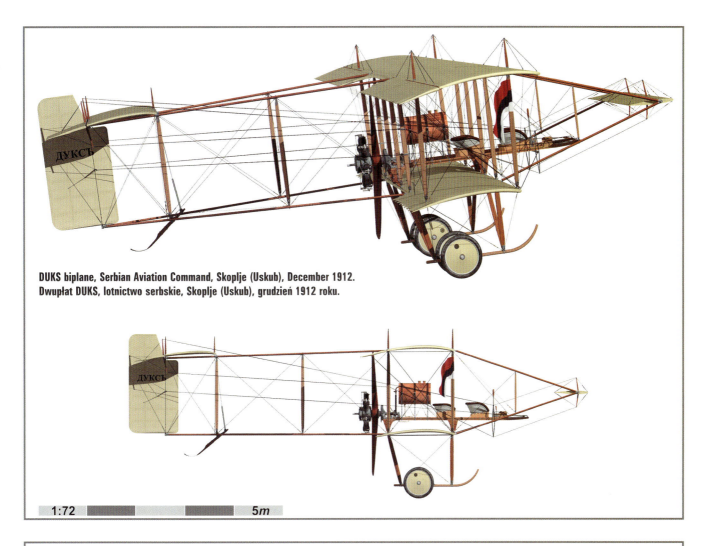

DUKS biplane, Serbian Aviation Command, Skoplje (Uskub), December 1912.
Dwupłat DUKS, lotnictwo serbskie, Skoplje (Uskub), grudzień 1912 roku.

1:72 5m

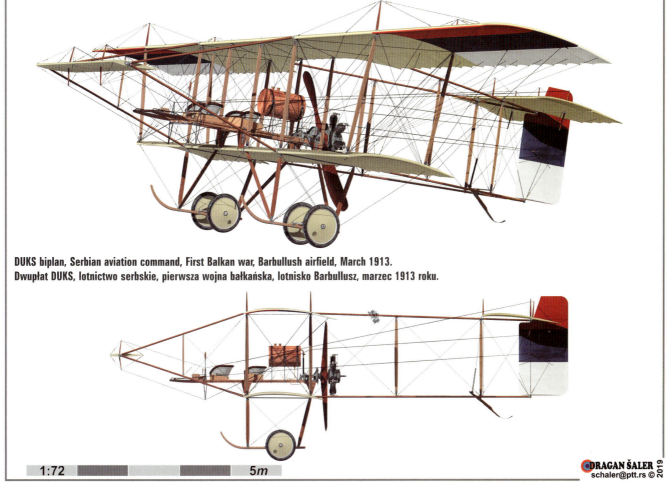

DUKS biplan, Serbian aviation command, First Balkan war, Barbullush airfield, March 1913.
Dwupłat DUKS, lotnictwo serbskie, pierwsza wojna bałkańska, lotnisko Barbullusz, marzec 1913 roku.

1:72 5m

DRAGAN ŠALER
schaler@ptt.rs © 2019

Duks Factory sharer worth 250 Rubles. The factory had starting capital of 350,000 Rubles in 1901.
Akcje Duks o wartości 250 rubli. W 1901 roku fabryka posiadała kapitał zakładowy w wysokości 350 000 rubli. [CKB]

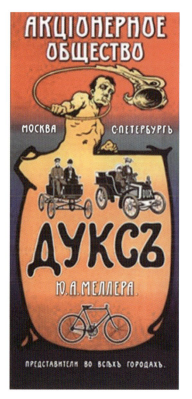

Already in the first decate of the 20th century Duks had offices in all larger Russian cities.
Już w pierwszej dekadzie XX wieku Duks posiadał biura we wszystkich większych rosyjskich miastach. [CKB]

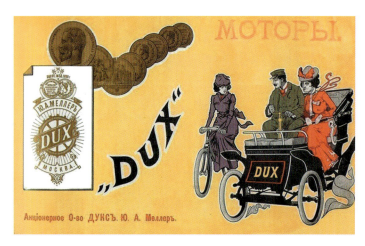

An advertisement from the beginning of 20th century which Duks used to promote its products.
Reklama z początku XX wieku, dzięki której Duks promował swoje produkty. [CKB]

An advertisement from 1911 which Duks used to promote its extensive production capabilities: bicycles, motorcycles, railway draisines, aerosani, airships and airplanes.
Reklama z roku 1911 promująca szerokie możliwości produkcyjne firmy: rowery, motocykle, drezyny kolejowe, sanie z napędem, sterowce i samoloty. [CKB]